MEMORIA de la HISTORIA

Personajes

Memoria de la Historia pretende ofrecer a los lectores la Historia contada por quienes la hicieron, por los mismos *personajes* que en vez de figurar en las páginas de los libros como objeto pasivo, adquieren voz y nos cuentan su vida y su peripecia en primera persona. La Historia como una novela personal, autobiográfica, en la que todo lo que aparece en estas páginas es verdad, con hechos ciertos y comprobados, pero que se presentan con la inmediatez y el dramatismo que da al relato la voz del protagonista, supuesto historiador de sí mismo gracias a la pluma de unos escritores que consiguen el difícil y apasionante equilibrio entre los materiales de la crónica, tratados con el máximo respeto, y el enfoque que corresponde a la más amena de las narraciones novelescas. Otra vertiente de estas semblanzas es la evocación de *episodios* del pasado en tercera persona con todo el rigor que exige el trabajo del historiador y la amenidad de la novela.

Éste es el objetivo de una colección que aspira a fundir lo más atractivo que pueden ofrecer la historia y la literatura.

Isabel, camisa vieja

Fernando Vizcaíno Casas

Isabel,
camisa vieja

Planeta

COLECCIÓN MEMORIA DE LA HISTORIA/1
Dirección: Rafael Borràs Betriu
Consejo de Redacción: María Teresa Arbó, Antonio Padilla,
  Marcel Plans y Carlos Pujol

© Fernando Vizcaíno Casas, 1987
Editorial Planeta, S. A., Córcega, 273-277,
  08008 Barcelona (España)
Diseño colección y cubierta de Hans Romberg
  (realización de Jordi Royo)
Ilustraciones cubierta: retrato de Isabel la
  Católica (convento de Madrigal de las Altas
  Torres, Ávila; foto Oronoz) y «La rendición
  de Granada» de F. Pradilla (foto AISA)

Procedencia de las ilustraciones: Archivo
  Editorial Planeta

Primera edición: noviembre de 1987
Segunda edición: noviembre de 1987
Tercera edición: diciembre de 1987
Cuarta edición: diciembre de 1987
Quinta edición: diciembre de 1988
Sexta edición: abril de 1989
Depósito legal: B. 10.412-1989
ISBN 84-320-4490-3
Printed in Spain - Impreso en España
Talleres Gráficos «Duplex, S. A.», Ciudad de
  Asunción, 26-D, 08030 Barcelona

Índice

PROEMIO

Sobre mi escepticismo acerca de la verdad histórica y
mi admiración por el personaje de Isabel, así como la
razón de considerarla «camisa vieja»

Comenzaré confesando que tengo racionales dudas, cada
día mayores, acerca de la plena credibilidad de la Historia. No es que discuta, ¡Dios me libre de ello!, la honestidad,
el rigor y los estudiosos afanes de tantas beneméritas
personas que han dedicado su vida y su talento a la investigación de fuentes y orígenes, para ofrecernos después
su versión de hechos y de personajes del pasado. Lo que
ocurre es que desconfío de tales fuentes, de su imparcia-
lidad y aun de su veracidad. La razón de semejante escepticismo la baso en la experiencia inmediata que estamos
viviendo, de la que extraigo inevitables consecuencias que
lo avalan.

Pues resulta que de la más cercana historia, no sólo de
España, sino del Universo, de esa historia en la que muchos
millones de seres todavía vivos hemos participado como
intérpretes, se nos cuentan a diario versiones manipuladas,
torticeras e incluso totalmente apócrifas. Las falsedades
vienen avaladas, demasiadas veces, por firmas presuntamente prestigiosas, por *historiadores* que, aun acreditando
sus títulos con el ejercicio de la cátedra, no son capaces de
renunciar a sus filias y a sus fobias, a su óptica personal
de los hechos, cayendo por ello en las más torpes falsifica-
ciones de la realidad. Explican con frecuencia los sucesos
históricos no como sucedieron, sino como ellos quisieran
que hubiesen sucedido; y dando de lado toda objetividad,
enjuician a sus protagonistas de conformidad con sus particulares criterios. Olvidando aquel sabio consejo de Goethe,

9

que ya advirtió que nadie puede ser imparcial; pero que todos debemos procurar ser objetivos.

Mi planteamiento, por tanto, es bien sencillo: si a pesar de los enormes avances de las técnicas informativas, de la riqueza documental de las hemerotecas y aun del testimonio directo de las personas que los vivieron, hechos históricos con una antigüedad de cincuenta años (los de nuestra guerra civil, por ejemplo), son susceptibles de muy contrarias interpretaciones, de forma que sus actores reciben desde las más gloriosas alabanzas a las más rotundas descalificaciones, ¿qué fiabilidad puede merecernos la narración de acontecimientos que se produjeron hace siglos y cuyo conocimiento ha llegado hasta nosotros a través de las versiones de unos pocos y siempre interesados cronistas? Cierto que la investigación histórica acude también a otras fuentes; a los archivos, fundamentalmente. Sin embargo, ¿no es notorio que en nuestros tiempos, los archivos padecen purgas y expoliaciones? Esto supuesto, ¿resulta temerario admitir que, en épocas infinitamente más oscuras, pudiera suceder lo mismo, incluso acrecentado?

Considero un deber de conciencia efectuar semejantes consideraciones antes de que el lector se adentre en *mi* versión biográfica de la reina Isabel I de Castilla, conocida en la historia como Isabel la Católica. Recalco el posesivo; pues precisamente por la dificultad que me supone defender la absoluta certeza de los hechos que como históricos voy a relatar, asumo la responsabilidad de su interpretación. Y al no ser historiador, en el sentido estricto del concepto, puedo permitirme ciertas licencias literarias, que sin faltar sustancialmente a las fuentes en las que me apoyo, quizá faciliten el conocimiento del personaje, que he procurado identificar con mentalidad actual. Si Américo Castro escribió que para quienes no los han vivido, los hechos históricos son *cáscaras vacías de sentido*, no es menos cierto que la constante similitud de las pasiones humanas, de los conflictos políticos, de la lucha por el poder, enfocados desde la perspectiva del tiempo transcurrido permiten rellenar esas cáscaras con sabrosas interpretaciones.

Por fortuna, la figura de la Reina Católica no es excesivamente polémica; antes al contrario, provoca una admiración casi unánime en todos los historiadores, tanto españoles como extranjeros. (No tomo en cuenta alguno de los que hoy se hacen llamar así, cuyos desvaríos sólo el desprecio merecen.) Hay que aceptar, pues, que se trata de uno de los casos, nada frecuentes, en que las diferencias de criterio resultan puramente de matiz. Y eso, no obstante la prolija bibliografía existente, que sólo en ediciones en español, se aproxima a los quinientos volúmenes.

Grandes debieron ser los méritos humanos de aquella mujer, grandes sus virtudes y muy grande su talento, cuando casi nadie se los niega abiertamente. Incluso su decisión política más susceptible de críticas, la implantación de la Inquisición, se justifica y aun se elogia (en comparación, al menos, con las de otros países) por bastantes tratadistas. Curiosamente, alguno extranjero, como W. T. Walsh.

Ni qué decir tiene que esa coincidencia admirativa hacia Isabel de Castilla no se produce respecto de la mayoría de los personajes que formaron su contorno, incluido su esposo, don Fernando. En algunos casos, las discrepancias son fundamentales; por ejemplo, en cuanto a Enrique IV de Castilla, hermanastro de la reina, que para ciertos historiadores —la mayoría— fue un siniestro ejemplo de vicio, maldad e incompetencia; así le juzgan nada menos que don Ramón Menéndez Pidal y el doctor Gregorio Marañón. En cambio, fray Tarsicio de Azcona, modelo de generosa magnanimidad en su estudio biográfico, no duda en rechazar la abyecta versión del monarca castellano e incluso duda de la veracidad de los testimonios que la apoyan.

* * *

He citado varios autores, de los muchos que consulté para escribir esta personal biografía de Isabel la Católica. Precisamente por mi ya expresado deseo de no considerar este libro como obra rigurosamente histórica, aunque en él se cuente la historia de una reina admirable, he decidido omitir notas de pie de página. Evito con ello alardes de erudición (por otra parte, escasamente justificados) y creo que facilito la lectura del texto, que podrá hacerse —tal es mi deseo— como si de una novela se tratara. Por lo demás, es obvio que precisé acudir a numerosas fuentes bibliográficas. Al final del relato se hará mención de las principales, retribuyéndoles la decisiva aportación que han tenido en esta versión biográfica del personaje.

* * *

Y antes de comenzar la historia, una precisión que considero importante. La idea común y forzosamente esquemática que de Isabel la Católica se tiene, debida en buena parte a la imagen que se nos dio de ella en los estudios de

Enseñanza Media, es la de una reina llena de virtudes morales, eficaz colaboradora en los negocios de Estado con su esposo, el hábil y muy talentudo don Fernando, cuya mayor preocupación —la de la reina— se centró siempre en la defensa de la religión, el cuidado espiritual de sus súbditos y la erradicación de la perniciosa influencia que para la fe cristiana podían tener los moros y los judíos. Por ello, se nos enseñó también, hubo incluso intentos de beatificarla.

La gran sorpresa que se llevará el lector, si tiene la paciencia de seguir adelante, será descubrir que Isabel, sin mengua, por supuesto, de sus profundas convicciones religiosas, fue una mujer a la moderna, que anduvo incansablemente por todos los caminos de España, desde Segovia hasta Galicia, desde Sevilla hasta Valencia, desde Barcelona hasta Valladolid, desde Córdoba hasta Bilbao, sin que le arredrara siquiera el paso del puerto de Guadarrama a lomos de su caballo, bajo una tremenda nevada. Que en más de una ocasión, vistió coraza y colocó al cinto la espada, para visitar a sus soldados en el mismo campo de batalla: de tal modo que un historiador extranjero, con indisimulable entusiasmo, llega a compararla en tales trances con Juana de Arco. (Aunque buen cuidado tuvo Eugenio d'Ors en distinguir su categoría de *Eterno Femenino*, del *Eterno Viril* que adjudica a la santa francesa.) Que, no obstante su natural sencillez, cuando el protocolo de la Corte lo aconsejaba, sabía deslumbrar a nobles y plebeyos luciendo los más suntuosos trajes y las joyas más valiosas.

Joyas que, en efecto, empeñó más de una vez, para atender con los dineros de la pignoración necesidades de la guerra de Granada y de la Real Hacienda. Lo que muchos creerán leyenda, es realidad suficientemente documentada. Como lo está su habilidad para obtener subvenciones de la nobleza y aun de la propia Iglesia, pues la economía de la Corona atravesó momentos de grave dificultad. Amante de las artes, gran aficionada a las letras, estudió latín para poderse entender directamente con los diplomáticos extranjeros y consta que llegó a hablarlo y escribirlo *sin brillantez, pero con holgura*. Durante el cerco de Loja, fundó el primer hospital de sangre de que hay memoria en el mundo. Como prueba de su talento de estadista, bien puede destacarse su profundo interés por mantener el dominio de Gibraltar, cuya importancia estratégica y comercial intuyó varios siglos antes de que unánimemente se aceptara.

Su vida conyugal estuvo condicionada por frecuentes y, en ocasiones, dilatadas separaciones físicas de su esposo, cuyos viajes también fueron numerosos. Se amaron sinceramente y aun dicen las crónicas que a Isabel le gustó Fernando *de oídas*, antes, incluso, de conocerle *de vista*. Por supuesto que tuvieron problemas en su matrimonio; por culpa de otras faldas y también por razones de Estado. El más grave, al emprender el rey una acción militar contra Francia, sirviendo intereses concretos de su reino de Aragón, que Isabel consideró improcedente. Fue entonces cuando, por única vez, su esposo dejó de escribirle durante la ausencia. La expedición fracasó; pero la prudencia de la reina convirtió el infausto sucedido en motivo de dichosa reconciliación.

Tuvo cinco hijos y poca fortuna con todos ellos. El único varón, que hubiese reinado con el nombre de Juan III, murió a los 19 años, dijeron que a causa de su insaciable fogosidad sexual. Era tanta, que los médicos le recomendaron una separación temporal de su esposa, para reparar las energías que derrochaba diariamente a su lado y que le iban consumiendo poco a poco. Pero su augusta madre se opuso a ello, recordando que *lo que Dios ha atado, no pueden desatarlo los hombres*. Semejante ortodoxia resultó fatal para el heredero.

La princesa Isabel también murió a edad temprana. Su hermana Catalina padeció los horrores de Enrique VIII de Inglaterra. Su otra hermana, Juana, que casó con Felipe el Hermoso, enloquecería pronto y sus desvaríos afligieron hondamente a su madre, en sus últimos años. No menor aflicción debieron producirle los cuatro hijos naturales de su marido; pues no obstante el amor que, sin duda, sentía por ella, su humana y por tanto, flaca naturaleza, no le impidió caer con reiteración en la tentación concupiscente. Su primer vástago extraconyugal, don Alfonso, nació el mismo año de su boda con Isabel y era hijo de doña Aldonza Roig. Posteriormente, trajo al mundo tres niñas, cuyas madres fueron una dama de Tárrega, otra vizcaína y otra portuguesa. Tanto viaje —comprendámoslo— forzosamente tenía que producir consecuencias de este tipo: pues Su Majestad no era de piedra.

No fue Isabel propicia a las insidias cortesanas, ni tampoco prodigó sus amistades. La más constante de todas, la de doña Beatriz de Bobadilla, compañera desde la infancia, hubo de causarle profunda decepción, ya que la abandonó en un momento crítico de su reinado; la magnanimidad de la soberana perdonó más tarde el agravio, restableciendo los lazos afectivos. Nunca se dejó impresionar por el poder ni por el carácter de tanto personaje ilustre como la rodeaba. Y dicen que, después de su esposo don Fernando, el hombre que más seriamente le impresionó fue Gonzalo de Córdoba, el *Gran Capitán*.

Si la leyenda de las joyas empeñadas se prueba históricamente, como ya dije, no así la que le atribuye la promesa de no cambiarse de camisa hasta que Granada fuese conquistada, que no se recoge en ninguna de las biografías serias de la reina católica. Sin embargo, sigue contándose como cierta e incluso, recientemente, ha servido como grosera excusa para agraviarla, en un infame texto presuntamente pedagógico editado por un colegio de Barcelona, en el que se distorsiona soezmente la egregia personalidad de Isabel. La cual, en cambio, fue tomada como patrona y ejemplo por las muchachas de la Sección Femenina, que instalaron en el castillo de la Mota su Escuela de Mandos y lucieron de continuo la Y emblemática de la soberana. Ello justifica, pues, que la podamos considerar *camisa vieja*, por una u otra causa.

* * *

El eminente gramático Nebrija dijo en 1492 a la reina Isabel: *Por la industria, trabajo y diligencia de Vuestra Real Majestad, los miembros y pedazos de España se redujeron y ajustaron en un cuerpo y unidad de reino, la forma y trabazón del cual así está ordenada, que muchos siglos, injuria y tiempos no la podrán romper ni desatar.*

Casi cinco siglos después, los excesos y aun los desmadres del vigente Estado de las Autonomías parecen desmentir la creencia de Nebrija. Bueno será, por ello, recordar el empeño de los Reyes Católicos —y singularmente, de Isabel— por fraguar la unidad española, hoy peligrosamente resquebrajada. Puede ser ésta una de las más aleccionadoras consecuencias que nos depare el conocimiento de la poderosa personalidad de la mujer cuya biografía he pretendido recrear, con las salvedades y limitaciones ya manifestadas.

F. V. C.

Noviembre de 1987.

CAPÍTULO PRIMERO

DE CÓMO LA REINA CATÓLICA NACIÓ PRECISAMENTE UN JUEVES
SANTO Y FUE INCÓMODA SU INFANCIA Y MUCHOS PROBLEMAS
TUVO CON SU MEDIO HERMANO, EL REY QUE LLAMARON
IMPOTENTE

El caballero Juan del Busto sonrió complacido. Al remontar
el repecho, se ofreció a la contemplación de sus ojos, enro-
jecidos por el polvo de tantas leguas de camino, un paisaje
ocre, de tierras resecas, con matorrales donde buscaban
cobijo los conejos que escapaban, asustados por el trotar
del corcel del noble caballero. Al fondo, recortándose sobre
un cielo plomizo con presagios de tormenta en sus cargadas
nubes, el Alcázar mostraba su silueta. ¡Al fin, Segovia!

Don Juan hizo detenerse al caballo junto a un charco
de agua oscura, últimos restos de la lluvia mañanera, re-
mansados en la pequeña hondonada. Apenas descabalgó,
el animal se puso a beber de ella afanosamente, sin importarle el mal olor. Diole el señor del Busto unas palmadas
cariñosas en las ancas perladas de sudor y secóse después
el suyo, que también era mucho, con un moquero grande,
de seda, que llevaba bordadas en rojo sus iniciales. Caminó
unos pasos para desentumecer los músculos de las piernas,
tantas horas en tensión, y se dispuso a continuar el camino;
que prisa tenía, pues grande y gozosa era la noticia que
cuanto antes debía comunicar al pueblo de Segovia, para
que desde allí se difundiera por todas las ciudades del
reino.

El propio Juan II de Castilla le había entregado en Madrid el pergamino, cuyo texto se aprendió de memoria, en
prevención de cualquier imprevisto: *Fago vos saber que
por la gracia de Nuestro Señor, este jueves próximo pasado, la Reyna doña Isabel, mi muy cara y muy amada mujer,*

encaesció a una Infanta... La feliz nueva sería conocida por los segovianos aquel mismo día, lunes 26 de abril de 1451; de modo que el nacimiento había tenido lugar el 22, feria quinta de la cena del Señor, cuando la Cristiandad celebraba la solemne festividad del Jueves Santo. El doctor Toledo, médico de la Corte, precisaría en su *Cronicón de Valladolid* la hora exacta del acontecimiento: a las 4 horas y dos tercios de hora después del mediodía. Es decir, a las 16.40, según diríamos hoy.

La recién nacida vino al mundo en uno de los palacios reales de Madrigal de las Altas Torres. Era el primer fruto del segundo matrimonio del rey Juan II, que a los 14 años había casado con doña María de Aragón, de cuyo enlace nació el príncipe Enrique, heredero de la Corona. Tenía éste casi treinta años cuando enviudó el monarca, para contraer nuevas nupcias cinco meses más tarde con doña Isabel de Portugal. Después de la infanta Isabel, a los dos años, nacería el infante Alfonso.

Contaba Isabel sólo tres años cuando murió su padre. Dejaba una Castilla convulsa, enzarzada en constantes luchas entre los nobles, a quienes el monarca, más pendiente de artistas, doctores, músicas y lecturas que de los negocios públicos, había intentado contentar distribuyendo títulos y posesiones. Sometido, en buena parte de su reinado, a la voluntad omnímoda del condestable Álvaro de Luna, que tuvo prácticamente secuestrado en sus manos el poder real, el triunfo de la coalición nobiliaria, ya en los últimos tiempos del soberano, acabó con el favorito en el cadalso. Poco le sobrevivió Juan II; y a su muerte, el 21 de julio de 1454, subió al trono de Castilla su hijo mayor, Enrique IV, medio hermano —o hermanastro— de Isabel y de Alfonso.

* * *

Extraño personaje el nuevo rey castellano: neurasténico, exhibicionista, indeciso, a ratos colérico, amaba tanto a las bestias, que tenía una colección zoológica. Muy joven ya mostró ese carácter difícil, al tiempo que acusadas inclinaciones lascivas. Se rodeó de nobles intrigantes, dando en principio especial privanza a don Pedro Pacheco, marqués de Villena, y, azuzado por él, rebelóse contra su padre, aliándose con los infantes de Aragón desatando así una guerra civil, con cruentas batallas, que terminaron con el cautiverio de Juan II, sometido por el rey de Navarra. Pero entonces, su hijo fue persuadido por el obispo de

16

Ávila, para que se afanara en obtener su libertad y de nuevo se libraron combates, aunque esta vez el príncipe Enrique luchaba en favor del rey y de su valido, el condestable de Luna. Recuperó así Juan II sus villas y señoríos y se retiró a su reino el de Navarra. Y aunque posteriormente, otra vez intentó imponerse por la fuerza, quedó derrotado inapelablemente en la batalla de Olmedo.

Fue tan sólo en este período cuando el príncipe Enrique mostró ciertas aptitudes bélicas, que posteriormente y ya entronizado, abandonaría casi por completo. Le ocupaban mucho más tiempo las fiestas y los constantes escarceos amorosos que las exigencias de la guerra. Aunque, curiosamente, su matrimonio con doña Blanca de Navarra, celebrado en Valladolid en 1440, por puras razones de Estado y en busca de la paz entre los dos reinos, resultó estéril. Trece años después de la boda, la unión fue anulada por canónica sentencia del obispo de Segovia, que declaró el matrimonio no consumado.

Para entonces, en Castilla se conocía a Enrique con el infamante apodo de *el Impotente*. Su esposa, doña Blanca, declaró en el proceso que estaba *virgen incorrupta, como había nascido* y dos matronas que la reconocieron, a instancias del instructor de la causa de nulidad, así lo confirmaron. Pero su marido no quiso que quedara en entredicho su virilidad y se ufanó y aun acreditó con pruebas, *que había folgado con ciertas mugeres de la ciudad de Segovia.* Ciertamente, se trataba de mujeres públicas, con lo cual el escándalo fue aún mayor.

Los médicos hablaron de impotencia *por maleficio*, versión rudimentaria de la que después se conocería como impotencia parcial, que sólo afecta al varón con determinadas personas. Bien se pudo comprobar en la posterior trayectoria del presunto impotente, pródigo en aventuras eróticas de todo signo. Pues fueron notorias incluso sus tendencias homosexuales.

Y no obstante, la proclamación como rey de Enrique IV había sido aclamada con júbilo y esperanza por el pueblo castellano, que le vitoreó hasta el delirio en Valladolid. En sus primeros actos de Estado pareció confirmar tan dichosos augurios; liberó a nobles cautivos por anteriores enfrentamientos con su padre; firmó un tratado de paz con Navarra; recuperó villas y lugares del reino y, en las cortes generales que convocó en Cuéllar, anunció su intención de renovar la guerra contra el rey moro de Granada. Con enorme entusiasmo fue recibida la noticia por la nobleza, que se dispuso a partir con él hacia Andalucía.

Tres mil seiscientas lanzas se reunieron, más quinientos jinetes, y el rey hizo grabar en su escudo la divisa de una granada abierta, como anuncio de la conquista. Pero una vez en la vega granadina, dio orden de que se evitara a todo trance el combate, con lo que aquel lucido ejército se limitó a talar y devastar la campiña; ello hizo que pronto se soliviantaran los nobles, que llegaron a planear el secuestro de Enrique IV. Tuvo éste que escapar a Córdoba y de allí a Madrid, y aunque, al siguiente año, volvió con su ejército a tierras andaluzas, de nuevo se contentó con la tala y el incendio de los bosques y las cosechas.

Fue por entonces cuando decidió casarse por segunda vez, eligiendo como esposa a su prima, doña Juana de Portugal, hermana del monarca allí reinante, Alfonso V. Era mujer muy hermosa y, como pronto pudo comprobarse, de costumbres nada acordes con la austeridad castellana. No aportó dote alguna al matrimonio, de tal forma que fue su marido quien le entregó (aparte villas, señoríos y castillos) cien mil florines, que le fueron pagados en doblones de oro. Precisó Enrique, para acallar las protestas de su Corte, que *le placía contentarse con dicha señora solamente.*

Parecía de verdad enamorado el rey, que prodigó las atenciones con doña Juana, recibida en Badajoz por brillante comitiva de caballeros, presidida por el duque de Medina-Sidonia. Fue llevada de allí a Córdoba, donde la esperaba su prometido y donde tuvieron lugar los desposorios. Más tarde, en Sevilla, hubo fiestas jubilosas, con justas, cañas, toros y torneos. Y después, la real comitiva se dirigió a Madrid y a Segovia y en todas partes se derrochó el lujo y se produjeron tales gastos, que la economía del reino comenzó a resquebrajarse. Como muestra del desenfrenado dispendio bastará decir que el obispo de Sevilla, don Alonso de Fonseca, después de una cena, presentó en la mesa dos bandejas repletas de anillos de oro recamados con piedras preciosas, para que la reina y sus damas tomaran las que más fueren de su agrado.

Por supuesto que lo hicieron sin ningún recato, pues aquellas portuguesas que integraban el séquito de la reina Juana eran notables por su desenfado y ligereza. El cronista Palencia diría de ellas que pusieron en las ciudades que visitaban *un ambiente peor que el de los burdeles.* Quizá haya exageración en ello; pero, en todo caso, sus modales nada tenían que ver con los habituales en Castilla. Y paseantes y caballeros, y mendigos y vendedores ambulantes se escandalizaban al verlas cruzar por las estrechas calles, a lomos de pequeñas mulas enjaezadas de oro y carmesí, luciendo al aire las piernas pintadas de blanco, vestidas con trajes sin mangas, tocándose con extravagantes sombreros o con pañuelos de seda y llevando daga al cinto, espada e incluso, cuchillos de Vitoria colgando del cuello.

Pero los entusiasmos amorosos de Enrique IV hacia su esposa remitieron pronto. Volvió a sus devaneos y a sus aberraciones, a fomentar relaciones con gente de la peor calaña, incluso moros y judíos, con desprecio de la nobleza y a provocar, por ello, la enemistad de buena parte de ésta. Su romance con una dama muy conocida, doña Guiomar de Castro, fue tan descarado, que un día la reina Juana la abofeteó en presencia de la Corte. Poco después, el incorregible y depravado monarca convertía en su amante, también con notoriedad, a doña Catalina de Sandoval. Para terminar sus relaciones —pues su volubilidad era grande— la nombró al poco tiempo abadesa del convento de San Pedro de las Dueñas, y para mayor sarcasmo con el encargo de *reformar* la Orden. Como el primado, arzobispo Carrillo, le recriminara semejante farsa, el rey redujo su jurisdicción y no vaciló en hacer pública mofa del prelado: que resultaban constantes sus desprecios a la religión y sus afrentas a la Iglesia.

Aunque buen cuidado tuvo en enmascarar una nueva intentona de conquistar Granada, como *guerra santa* contra el infiel, con objeto de obtener así las debidas indulgencias pontificias. Consiguió del papa valenciano Calixto III que, en 1455, le otorgara una *Bula de la Cruzada*, que beneficiaba no sólo a quienes la pagaban, sino también a los difuntos. Por este medio recaudó un millón de ducados, que en escasa proporción fueron destinados a la campaña contra los moros, aunque engrosaron las arcas reales cumplidamente. Campaña, por otra parte, cada día más ridícula, en la que la reina y sus casquivanas damas podían presentarse en un campo de batalla absolutamente tranquilo y jugar a disparar sus ballestas contra un enemigo más que avisado de la inoperancia de aquel ejército.

A todas éstas, pasaban los años y tampoco Enrique IV tenía descendencia con su segunda esposa. De nuevo el pueblo propalaba toda clase de rumores, no ya en cuanto a una impotencia que los excesos extraconyugales demostraban no ser cierta, sino en lo tocante a la relación íntima del monarca con la reina. A la que el favorito, don Beltrán de la Cueva, distinguía, por el contrario, con singulares muestras de afecto y admiración, sin el menor disimulo. El rumor de su relación carnal con la soberana tomó cuerpo, especialmente, a raíz de lo acaecido a las puertas de Madrid, en ocasión de la visita de una embajada del duque de Bretaña, que venía a ofrecer alianza y colaboración.

Para deslumbrar a tan ilustres visitantes, se organizaron magníficas fiestas en el lugar de El Pardo y durante cuatro días hubo justas, monterías, torneos, bailes y banquetes: la ruina del reino no afectaba, evidentemente, a semejantes demostraciones suntuosas. El último día, cuando los reyes y la corte tenían que regresar a Madrid, don Beltrán de la Cueva preparó un *paso de armas*, justamente donde hoy se encuentra la Puerta de Hierro. Ningún caballero que fuese acompañado por damas podía cruzar por allí, sin obligarse a hacer seis carreras con don Beltrán; de lo contrario, tendría que dejar como prenda su guante derecho.

El señor De la Cueva defendió solo y contra todos el honor de su dama, aunque sin revelar su nombre, como tenían que hacer sus contrincantes. Pero dio datos bastantes para que nadie pudiese dudar de que se trataba de la reina doña Juana. Lo más curioso fue que al rey le divirtió tanto el festejo, que mandó erigir en aquel lugar y como memoria del glorioso *paso de armas*, un monasterio de la Orden de los Jerónimos, al que llamó por ello San Jerónimo del Paso; nunca podrá saberse si por cinismo o por ignorancia. Para don Beltrán constituyó aquélla una jornada memorable y su valor y destreza con el caballo y la lanza entusiasmaron tanto, como la elegancia de su vestido, abundante en oro y piedras preciosas.

Con semejantes precedentes, notorio el distanciamiento afectivo de los monarcas, así como las pregonadas intimidades de doña Juana con el De la Cueva, cuando en 1461 se dio a conocer la noticia de que la reina presentaba claros síntomas de embarazo, después de seis años de infecundo matrimonio, pocos dudaron de la verdadera identidad del padre. Y como tal se señaló a don Beltrán; por lo que, cuando la soberana dio a luz una niña, a la que se le impuso por nombre Juana, la gente llana y aun la más noble, dio en llamarla *la Beltraneja*.

Enrique IV, sin embargo, había rodeado el nacimiento de la criatura de un singular aparato escénico. Hizo trasladar a su esposa desde Segovia a Madrid, donde él se encontraba y la trajeron en andas *porque viniese reposada y sin peligro de la preñez*. Salió el rey a recibirla en las afueras de la villa, acompañado por todos los grandes de la Corte y mandó que la colocasen a las ancas de su mula, *para entrar con más honra y reposo* en la ciudad, donde fue aposentada en el Alcázar. Meses después y tras un parto difícil, doña Juana dio a luz una niña, que recibió el mismo nombre de la madre.

Nuevamente hubo fiestas populares y para celebrar el natalicio, el rey otorgó a don Beltrán el señorío de Ladesma, con título de conde, aumentando además sus prebendas e influencias. Con lo cual, crecieron las murmuraciones y pocos dudaron ya de la auténtica paternidad de la princesa. Pudiéramos decir, haciendo un inevitable juego de palabras, que la reacción de Enrique confirmó para las gentes la real ascendencia de la criatura, que no era ciertamente real.

La princesa Juana fue bautizada por el arzobispo de Toledo. Fueron sus padrinos el embajador de Francia y el marqués de Villena. Y madrinas, la marquesa de Villena y la infanta doña Isabel, mediohermana del rey, que tenía entonces diez años. Nos encontramos, pues, de nuevo, con la protagonista principal de esta historia, a quien pudo parecer que habíamos olvidado. Pero resultaba imprescindible dar idea del contorno en que se desenvolvió su infancia, para resaltar mejor las dotes de prudencia y talento que ya puso de relieve desde sus primeros años.

* * *

Al morir Juan II, dejó encomendada en su testamento *la tutela, administración, crianza y doctrina* de la infanta Isabel, que tenía entonces apenas tres años, a su madre, la reina Isabel de Portugal, encargada asimismo de la educación y cuidado de su otro hijo, el príncipe Alfonso. El nuevo monarca, Enrique IV, dotó escasamente a su madrastra y a sus mediohermanos, y aquélla y éstos se residenciaron en el castillo de Arévalo, en la diócesis de Segovia, donde permanecerían siete años. Naturalmente, sin pasar privaciones; pero asimismo, sin lujo alguno, pues la asignación real no lo permitía. Tampoco la reina Isabel había sido nunca proclive a los fastos cortesanos.

Pasaron juntos, pues, los dos hermanos su infancia y ello hizo que se compenetraran grandemente. Su madre atendió con celo a su educación —hasta que fue separada de ellos— sobre todo en los aspectos religiosos y morales, de los que ella misma había dado siempre ejemplo, como recordó en su testamento su difunto esposo: *reina tan aparada en castidad... que mujer en sus tiempos fue vista.* Los padres franciscanos se encargaron de su formación espiritual y, al decir de los cronistas, lograron de Isabel

21

que se criara sin delicias, para formar una mujer robusta.

Pero además, se forjó una cultura muy considerable para la época. Aprendió a hablar con gran precisión el castellano, así como a escribirlo con soltura e incluso, cierta brillantez; estudió retórica, pintura, poesía, historia y filosofía. Bordaba dibujos en telas de oro y terciopelo, llegando a ilustrar con caracteres góticos creaciones sobre pergaminos: en la catedral de Granada se conserva un misal decorado por ella y estandartes y ornamentos confeccionados para el altar de su capilla privada. Había heredado de su padre la afición a las letras y a la música y gustaba conocer la historia de sus antepasados, a través del cancionero.

Hay que resaltar la nobilísima ascendencia de Isabel, porque sin duda mucho influyó en su carácter y temperamento. Su árbol genealógico empalmaba con la dinastía inglesa de los Plantagenet, con el tronco de los Trastámara, con la familia también inglesa de los Lancaster, con la casa portuguesa de Avis, con san Luis, rey de Francia, con Guillermo el Conquistador y con Fernando III el Santo. Pocos monarcas tuvieron nunca precedentes tan insignes.

Poco se sabe con certeza de la niñez de Isabel. Ni de sus juegos o distracciones; aunque consta la frecuencia con que efectuaba viajes por las cercanías de Arévalo, a lomos de caballo o de mula, de donde le vino su dominio de la equitación. Siempre le acompañaba la que sería, desde entonces y para siempre, su amiga más entrañable. Beatriz de Bobadilla, hija del gobernador del castillo donde se alojaban los infantes y tres años mayor que ella. Con escaso cortejo, recorrían juntas Medina del Campo y Cuéllar y Olmedo y, en ocasiones, llegaban hasta Escalona.

Sin duda les solazaba de forma especial coincidir con las ferias, que periódicamente se celebraban en las ciudades castellanas y entre las que destacaba, por su importancia, la de Medina. Acudían allí mercaderes de toda Europa y las transacciones eran numerosas: se vendían granos y lanas y ganado y telas. Al reclamo del dinero fresco, venían de Castilla y aun de otros reinos, pordioseros de oficio y truhanes de dedos ágiles en el hurto y cómicos de la legua y fulleros y saltimbanquis y rameras. Era un espectáculo fascinante para aquellas niñas habituadas al silencio y la soledad del castillo de Arévalo.

Era asimismo un espectáculo que daba que pensar a una niña como Isabel que, desde que tuvo uso de razón, se distinguió por su sentido de la observación, por escuchar mucho más que hablar, por buscar siempre la justificación de las cosas. Así, la aparente prosperidad que las ferias parecían demostrar, no podía encubrir la realidad triste de una Castilla empobrecida, mísera en la mayoría de sus gentes; donde, contradictoriamente, los nobles derrochaban ofensivamente sus fortunas, en fiestas suntuosas que constituían una afrenta para el pueblo llano. Aún se recordaba cuando don Juan de Velasco, para agasajar a unos caballeros de Aragón y Valencia, venidos en ocasión de la boda del infante don Fernando con la condesa de Alburquerque, trajo mil marcos de plata blanca y mil dorada, todos en vajilla; y para los banquetes, cuatro mil pares de gallinas, dos mil carneros y cuatrocientos bueyes, en doscientas carretas que después se quemaron como leña.

Semejantes alardes habían sido frecuentes en los años de la privanza de don Álvaro de Luna y continuaban durante el reinado de Enrique IV. El lujo en el vestir de nobles, prelados y poderosos, llegó a tales extremos de refinamiento que en la *Historia del Luxo* se destaca cómo los hombres se afeminaban por sus excesos en afeites, peinados, cosméticos y teñidos, así como con las exageraciones en el vestir. Las Cortes de Palenzuela advirtieron al rey que tales boatos escandalizaban a labradores y gente baja, pero todavía causaban peor influjo en las mujeres de los menestrales y oficiales, que procuraban imitar las elegancias de los ricos, *por lo cual gastan sus patrimonios y pierden sus haciendas y viene gran pobreza y gran menester.*

No fue, en cambio, Isabel de Castilla niña presumida, ni sería después adolescente preocupada en exceso por los vestidos y las joyas. Ya reina, mantuvo siempre la dignidad del trono y entonces sí que estuvo a la altura que las razones de Estado le exigían; pero por una simple razón de cargo. Personalmente, sus gustos fueron siempre tan sencillos como los de su infancia, cuando en Arévalo se arropaba en un manto de lana para defenderse de los fríos de la meseta y debajo de un pequeño sombrero, se colocaba el pañuelo de seda anudado en la barbilla, cubriendo cabello y orejas, para preservarse del polvo en sus caminatas por los alrededores de la ciudad.

Pero en aquella libertad de movimientos de la infanta y de su hermano, don Alfonso, se iría reduciendo con el paso de los años y a medida que los problemas políticos hicieron de ellos centro de atención, tanto del rey Enrique IV, como de los nobles que de nuevo se confederaban en su contra. Éstos veían en el joven infante un buen relevo para el trono que su hermanastro degradaba con su falaz conducta; aquél comenzó a considerarlo, en consecuencia, como un peligro que debía conjurar. Mientras, los hermanos, ajenos todavía a la trascendencia que sus personas estaban alcanzando para Castilla, se extrañaban de que aumentara la vigilancia en el castillo y de que, con excesiva frecuencia, se les recluyera entre sus almenadas torres.

* * *

El jinete se detuvo ante el portón del castillo de Arévalo y, mostrando un pergamino enrollado que llevaba en la mano diestra, comunicó a la guardia:

—¡Correo del rey!

Recibióle al momento el gobernador Bobadilla, a quien entregó el escrito. Leyólo con creciente preocupación y al terminar, tras comprobar la certeza de la firma y los sellos, preguntó al mensajero:

—¿Traéis alguna otra instrucción?

—Ninguna, señor. Díjome Su Majestad que en el pergamino ya vienen todas.

—Sí; es más que explícito... —refunfuñó el gobernador.

—Debo regresar mañana mismo a Madrid. Si tenéis a bien proveer mi alojamiento y comida para esta noche, así como el cuidado de mi caballo...

—Por descontado...

Beatriz de Bobadilla leía en alta voz, con suave entonación, unos versos del marqués de Santillana, atentamente seguidos por Isabel y Alfonso, cuando el gobernador entró en el aposento. Su rostro grave y alterado denotaba una evidente preocupación.

—Altezas... —saludó, al tiempo que se inclinaba con respeto—. Noticias de la Corte. Pienso que malas noticias...

—¿Pues qué sucede? —inquirió don Alfonso, poniéndose en pie.

—Vuestro hermano, el rey Enrique, que Dios guarde, me ordena trasladaros a Madrid con la mayor presteza...

—¿Solos? —preguntó la infanta, sin traslucir la más mínima alteración.

—Su Majestad deja a mi albedrío los detalles del séquito. Tan sólo me acucia en lo tocante a la rapidez del viaje.

Beatriz de Bobadilla fue hasta su padre y se agarró de su brazo; no hizo falta que dijera nada.

—Por supuesto que desde que lo he sabido, he tenido bien presente el afecto que profesas a Su Alteza y que ella tan generosamente te retribuye. Irás en su compañía.

Isabel dio unos pasos, pensativa.

—Sin duda —dijo— esta decisión del rey se debe a los conocidos deseos de la confederación de nobles que, ante su falta de sucesión, pretende que mi hermano don Alfonso sea nombrado heredero al trono de Castilla.

—El rey espera sucesión —comunicó solemnemente el gobernador—. Desea asimismo que, llegado el momento, que ojalá Dios permita, Vuestra Alteza sea una de las madrinas de la criatura.

* * *

Lo fue, como sabemos. Pero muy claro estaba que las verdaderas razones del traslado de los infantes a Madrid poco tenían que ver con la controvertida paternidad de Enrique IV. Dos años antes, cuando nadie racionalmente podía pensar que el rey iba a tener sucesión, conjuráronse el arzobispo de Toledo, Alonso Carrillo —cuya enemistad con el monarca era notoria—, el marqués de Santillana y otros nobles, quienes escribieron una dura carta a Enrique, en la cual, tras censurar la situación de vigilancia y casi encierro en que mantenía a los infantes, le encarecían, *en tanto que hijos no tenía*, para que ordenase a todos sus súbditos y grandes de las ciudades, villas y lugares de Castilla *que hubiesen por primogénito heredero al ínclito infante don Alfonso, su hermano*.

Siete años tenía entonces don Alfonso y, ciertamente, el posterior embarazo de la reina dejó sin fundamento la petición de los nobles. Pero sin duda el rey, consciente de las dudas y reticencias que había despertado la sorprendente ingravidez de su esposa y de los problemas que podrían plantearse respecto de la legitimidad en la sucesión, quiso tener bien cerca a quien podía llegar a convertirse en peligroso rival.

Muy desdichados fueron en la Corte madrileña los infantes, y de modo especial doña Isabel, que ya cercana a la pubertad y por su despierta inteligencia, valoraba con claridad el ambiente de depravación que allí existía y el absoluto olvido de los deberes de Estado de que daba muestras su hermanastro, entregado por entero a la voluntad de don Beltrán de la Cueva. Incluso algún tiempo después de su llegada, la reina llegó a instar a la infanta para que participase en las orgías cortesanas; su hermano, apenas un niño todavía, se enfrentó con doña Juana, exigiéndole que guardase con Isabel el respeto que se merecía.

Y ella hizo más todavía: consiguió que una Junta de Grandes de Castilla, con el prior general de los Jerónimos, acordara que fuese devuelta a la casa de su madre, hasta que llegara el momento de contraer nupcias, ya que, *según Dios y nuestras conciencias, debe ser así*. No consintió en ello el rey, pero sí aceptó separarla de la Corte y enviarla a Segovia, en compañía de cinco damas elegidas por su madre. Recordando este hecho, escribió Isabel años más tarde: *Me quedé en mi palacio, por salir de su deshonesta guarda para mi honra y peligrosa para mi vida. He de mí dado tan buena cuenta como convenía a mi real sangre.*

En Segovia, completa la educación de la infanta el agustino fray Martín de Córdoba, que escribe para ella un libro didáctico, *Jardín de nobles doncellas*. Y la define como poseedora *de tal olor de florecientes virtudes, que muestran que cuando el fruto será maduro tendrá perfecto dulzor de graves costumbres.*

Isabel cuenta ya 15 años. Es de mediana estatura, piel blanca, cabellos rubios, ojos entre azules y verdes, redonda de cara y de expresión serena. Jamás bebe vino, escucha con atención los consejos, aunque termina siempre decidiendo según su criterio y su energía resulta compatible con la delicadeza. Curiosa, lectora entusiasta (ya en el trono de España, entre los más de cuatrocientos tomos que forman su biblioteca, la mayoría religiosos, aparecerá también, curiosamente, *El libro del buen amor*) y sumamente piadosa, posee un profundo sentido de la justicia y un ingenio vivo, con frecuentes muestras de agudeza.

Fundamentales habrán de resultarle todas estas cualidades para enfrentarse con las difíciles pruebas que ya a tan temprana edad le aguardan.

CAPÍTULO SEGUNDO

La debilidad de Enrique IV incrementaba cada día más
las ambiciones de la oligarquía de la nobleza, dividida en
dos bandos pendencieros: de una parte, don Beltrán de
la Cueva y los suyos; de otra, el marqués de Villena con
sus poderosos partidarios. Al casar don Beltrán con la
hija del marqués de Santillana y reforzar así su fortuna
e influencias, Villena se conjuró contra el favorito y aun
contra el mismo rey e incluso osó invadir los aposentos
reales, acompañado por los condes de Benavente y de Paredes y otros nobles, con intención de apoderarse del monarca y de los infantes. Refugióse Enrique IV en el retre-
te, junto con su inseparable don Beltrán y sorprendentemente, nada sucedió luego, tras una absurda conversación
que mantuvo con los asaltantes, los cuales se retiraron
sin castigo alguno.

Empecinado el monarca en sus favores hacia el De
la Cueva, nombróle poco después gran maestre de Santiago, el mayor título del reino, que por derecho corres-
pondía al infante don Alfonso. Airado de nuevo el marqués de Villena, organizó entonces una emboscada para
asesinar a don Beltrán y secuestrar a la real familia, que
a la sazón se encontraba con él en Segovia. La trama fue
descubierta, precisamente cuando su promotor se hallaba
junto a Enrique IV, quien, a pesar de las denuncias, no se
atrevió a tomar ninguna medida contra su implacable enemigo. E incluso aceptó acudir a una reunión, convocada
por los condes de Plasencia y de Alba, entre San Pedro
de las Dueñas y Villacastín, donde nuevamente Villena

había dispuesto una emboscada. Avisado a tiempo, regresó a Segovia a uña de caballo y los conjurados, ya en abierta rebelión, se dirigieron a Burgos.

Desde allí remitieron al rey un violento memorial de agravios, acusándole, entre otras cosas, de tener en su guardia personal compañías de moriscos, con ofensa de la religión cristiana; de haber hecho jurar heredera del trono de Castilla a doña Juana, aun a sabiendas de que no era hija suya; y de nombrar gran maestre de Santiago al señor Beltrán de la Cueva, con perjuicio del infante don Alfonso. Finalmente, le exigían que hiciese jurar a éste como legítimo sucesor de la Corona.

El rey recibió tan conminatorio mensaje estando en Valladolid y, sin aparente irritación, lo puso en conocimiento del Consejo, interesando su dictamen. Su antiguo ayo, el obispo de Cuenca, transmitió la opinión de los consejeros: no cabía otra salida honorable que luchar contra los conjurados, hasta vencerlos. Pero Enrique IV le contestó con asombroso cinismo: *Los que no habéis de pelear, padre obispo, sois muy pródigos de las vidas ajenas.* Con tal respuesta, perdió el rey el resto de su prestigio ante sus más fieles colaboradores; y definitivamente enajenó su confianza cuando, a sus espaldas, concertó con el rebelde Villena una conferencia, para buscar la concordia. Celebrada la reunión en los campos de Cigales y Cabezón, quedó acordado que el infante don Alfonso sería entregado al marqués, para que fuese jurado heredero y sucesor de los reinos, a condición de que casara con la princesa doña Juana, *la Beltraneja*, y restituyéndole de inmediato el Maestrazgo de Santiago, al que renunciaría don Beltrán.

Quedaba así claro el ilegal origen de la princesa Juana, dada la expresa actitud del rey. La Diputación se reunió en Medina el 16 de enero de 1465, sancionando los acuerdos. Entre ellos figuraban varios que afectaban directamente a la infanta Isabel. A la que se le otorgaba casa propia, según vimos, disponiéndose que de momento fuera a residir en Arévalo, junto a su madre y abuela, para trasladarse después definitivamente a Segovia.

Más adelante, usando ya de su independencia, Isabel nombró mayordomo mayor y contador de su casa, despensa y raciones al comendador de Montiel. Y sólo con quince años, comenzó a ocuparse con detalle y cuidado de la administración de sus rentas, constando que escribió a Luis de Chaves, oficial de Enrique IV en tierras de Extremadura, para encomendarle el cobro de los 340 000 maravedís que le correspondían, como juro, sobre la ciudad de Trujillo, *de manera* —le dice— *que yo pueda ser bien pagada*. Súbitamente preocupado por la situación de su hermana, donóle el rey asimismo la villa de Casarrubios del Monte e incluso le consiguió un rescripto papal, por el que Paulo II le concedía el privilegio de altar portátil. Aunque semejantes muestras de atención no podían interpretarse más que como el deseo del monarca de tener a su lado a Isabel, ante la difícil situación en que le colocaba el enfrentamiento de la confederación nobiliaria.

Ya que, después de aceptar los acuerdos de Medina respecto de la sucesión, Enrique IV había rectificado su postura radicalmente, declarándolos nulos y sin valor. La reacción de los confederados fue inmediata: se llevaron consigo a Plasencia al príncipe Alfonso y contestaron a un mensajero del rey *que ya estaban hartos de él e que agora se verá quién es el verdadero rey de Castilla*. Definitivamente rotas las hostilidades, los nobles, a quienes se había unido el arzobispo de Toledo, Alonso Carrillo, montaron en una llanura cerca a Ávila un estrado, y sobre él un trono en el que sentaron a un monigote que representaba a Enrique IV, con todas sus insignias, aunque en traje de luto. Leyeron después un manifiesto, justificando las razones por las que debía ser depuesto y fueron quitándole los atributos de su realeza: el arzobispo de Toledo fue quien le despojó de la corona, y, tras derribar el monigote, alzaron en hombros al príncipe Alfonso, al grito de *¡Castilla por el rey Alfonso!*, coreado con entusiasmo por la muchedumbre, mientras redoblaban tambores, atabales y trompetas y grandes y prelados besaban la mano del joven hermano de Isabel. Aquello suponía, naturalmente, la guerra civil.

Una guerra civil que resultó pródiga en traiciones en uno y otro bando, entre las que abundaron las habituales del torvo marqués de Villena. Quien llegó al extremo de proponer a Enrique pasarse a su bando con tres mil lanzas, prestarle sesenta mil doblas y entregarle al rey Alfonso, si daba en matrimonio a la infanta Isabel a su hermano Pedro de Girón, maestre de Calatrava. Era éste mucho mayor que ella y hombre de pésima reputación moral. Pero ni qué decir tiene que el rey aceptó de mil amores la oferta y se apresuró a solicitar de Roma la oportuna dispensa, ya que don Pedro la necesitaba, como gran maestre que era de una Orden religiosa.

La reacción de Isabel fue tajante: jamás contraería semejante matrimonio. Se retiró a sus aposentos y entregóse a la oración, al ayuno y al llanto; ante su desasosiego, la fiel amiga y puntual servidora, doña Beatriz de Bobadilla, mostrándole un puñal, le juró que lo clavaría en el corazón de don Pedro, antes que consentir que la boda se realizase. Pero la providencia iba a evitar la consumación del matrimonio, como un aviso de la especial protección que el Señor dispensaba ya a la joven infanta.

Estaban firmadas las capitulaciones matrimoniales entre el rey y don Pedro Girón, verdadero tráfico inmoral de la persona de Isabel, pues en ellas se pactaba la deserción de Villena y los suyos, incluida la Orden de Calatrava, en favor de Enrique IV, con las anejas condiciones económicas en beneficio del monarca. Y se puso en camino el gran maestre desde Almagro a Madrid, con lujoso séquito de caballeros y toda la pompa que merecía el nupcial acontecimiento que se disponía a celebrar. En la segunda jornada del viaje, la comitiva se detuvo en Villarrubia. Y allí, inesperadamente, enfermó don Pedro. Los médicos diagnosticaron anginas; pero algo peor debió ser, pues el de Girón fue agravándose por momentos y entró en agonía, falleciendo al siguiente día, después de rehusar los sacramentos.

Isabel no pudo por menos de recibir con alborozo la noticia, por la que dio gracias a Dios, aunque sin olvidar en sus oraciones al difunto pretendiente. Por su parte, el marqués de Villena, con su cinismo habitual, consideró rotos todos los pactos y se reintegró al bando de Alfonso: la guerra volvía a estallar, con toda su violencia. Nuevamente los campos de Olmedo fueron escenario de una batalla sangrienta, en la que las tropas de Enrique IV, valerosamente mandadas por don Beltrán de la Cueva, derrotaron a las de Alfonso. Cuando, terminado el combate, los jefes victoriosos fueron en busca de su rey, para felicitarle, no le encontraron: había huido del combate y no fue habido hasta el siguiente día, en un escondite, a varias leguas de distancia.

El triunfo de Enrique no supuso, sin embargo, el fin de la contienda. Antes al contrario, la lucha se generalizó y los contubernios repetidos del rey con Villena provocaron gran desconcierto en el pueblo, que degeneró en espantosa anarquía. Envió el Papa a un nuncio, con intención de poner paz entre los contendientes y a punto estuvo de perder la vida. Toledo vivía en estado de guerra, entre los cristianos viejos y los judíos conversos o *marranos*. Los Pedrarias de Ávila vendieron la ciudad de Segovia a los confederados, lo que permitió reunirse a Isabel con su hermano, en un período de cierta calma en las batallas. Incluso pudieron llegarse a Arévalo, donde pasaron una larga temporada con su madre.

El cariño de Alfonso por Isabel era sabido; no puede extrañar, por tanto, que mostrara con ella especial generosidad, donándole la villa de Medina del Campo, por carta firmada el 7 de diciembre de 1467, en la que se intitulaba rey de Castilla y León. El catorce aniversario del nacimiento de Alfonso coincidió con su estancia en Arévalo; su hermana se encargó de organizar los festejos, que resultaron muy solemnes. Figuró entre ellos la representación de un *momo*, especie de entremés, en el que los cómicos lucían llamativos disfraces. Fueron aquellas semanas, evidentemente, muy dichosas para Isabel, que vivía por fin el calor familiar y que en ese mismo ambiente disfrutó con su madre y con su hermano de las Navidades de 1467.

Al año siguiente, la fortuna de las armas se tornó favorable a Enrique IV. Ciertamente que en ello influyó el habitual juego de las traiciones: la nobleza comenzó a pasarse a su bando, alejándose de Alfonso. Va éste perdiendo tierras y villas, y el 3 de junio los ejércitos de su hermanastro toman Toledo. Salió de Arévalo el joven rey, al enterarse (con notorio retraso: el día 14) y dirigióse a Ávila, con la intención de organizar desde allí la reconquista de la ciudad castellana. Pero de nuevo el azar cambió los rumbos de la historia: estando en la villa de Cardeñosa, a dos leguas de la capital, enfermó de repente. Nunca se supo la causa del mal; pudo ser contagio de la pestilencia que azotaba la comarca abulense o quizá una trucha podrida que comió la víspera. Presa de agudos dolores, falleció el 5 de julio, a los quince años de edad.

En esta ocasión, la noticia llegó con insólita rapidez a Madrid, donde se encontraba Enrique IV, que al siguiente día daba orden de comunicarla a todo el reino. Y se disponía a adoptar las medidas que la nueva situación requería, en la confianza de conseguir la paz. No pensaban lo mismo los confederados, que ofrecieron a Isabel jurarla como reina, para continuar la lucha bajo sus órdenes. Pero la infanta era consciente de la limitación de sus derechos y se negó a ello, manifestando al arzobispo Carrillo y a Villena que reconocía como legítimo monarca a su hermanastro, aunque —eso sí— exigía para ella el título de princesa heredera del trono.

Semejante propuesta fue tramitada —según costumbre— por el marqués de Villena a la Corte, y el rey, cuya proclividad a los pactos era notoria, aceptó de buen grado la oferta. Una primera reunión de los parlamentarios de ambos bandos tuvo lugar en Castronuño, a partir del 17 de agosto y en ella se sentaron las bases del definitivo acuerdo. A mediados de septiembre, nuevamente se reanudaron las conversaciones. Los mandatarios de Enrique se encontraron en Cadalso y los de Isabel, en Cebreros. Esta vez, presidían las comisiones el propio Enrique IV y la misma infanta Isabel. Y fundamental era la presencia del legado pontificio Antonio de Véneris. Ambas comitivas coincidieron en la Venta de los Toros de Guisando, donde dialogaron personalmente los dos hermanos, el primer día de negociaciones, lunes, 19 de septiembre. Toda la semana duraron aquéllas, y el domingo, 25, se hizo público el compromiso adoptado. Su principal cláusula contenía el reconocimiento de la autoridad legítima de Enrique IV como rey y el expreso nombramiento de Isabel como *princesa, legítima heredera e sucesora de los reynos de Castilla et de León.*

Juana, *la Beltraneja*, quedaba por consiguiente pospuesta, en un nuevo reconocimiento implícito de su ilegitimidad de origen. Según algunos historiadores, en las estipulaciones figuraban también ciertas declaraciones de Enrique poco gratas para la honestidad de su esposa, la reina Juana. Otros lo niegan. En todo caso, la casquivana portuguesa andaba entonces en amores con un sobrino del arzobispo de Sevilla, y había estado recluida, bajo la custodia del prelado, en la fortaleza de Aalejos. De donde se fugó, descolgándose por una ventana y produciéndose diversas magulladuras, al caer antes de llegar al suelo. Se encontraba embarazada de pocos meses y no, ciertamente, de su esposo, el rey.

La ya princesa y su hermano Enrique IV viajaron juntos hasta Cadalso. Después de permanecer allí dos días, acudieron a Segovia, para preparar la convocatoria de las Cortes y el juramento como heredera de Isabel. La paz en Castilla parecía asentada.

* * *

En todos los tiempos, pero más todavía en la Edad Media, las bodas de las princesas y de los príncipes han quedado reducidas a un simple problema de Estado. Nada cuentan, por lo común, los sentimientos de los egregios interesados, que ya desde niños saben que tendrán que sacrificarse por el bien de la Corona. Que incluso su futuro matrimonial se establecerá cuando apenas tengan uso de razón, y aun sin tenerla, y que en la decisión entrarán en juego meras razones políticas, que nadie osará discutir, atendiendo al bien común, a la prosperidad de los súbditos y a los intereses del país. Semejantes intenciones dejaron de dar buenos resultados demasiadas veces; pero no por ello se perdió la costumbre de elegir marido a las princesas o esposa a los príncipes, después de un cuidadoso estudio del mercado de sangre real y tras escuchar las sabias opiniones de políticos y juristas. Así resultaban después estos regios matrimonios, en el plano sentimental y de ahí la proclividad de muchos monarcas a los amores licenciosos y la fácil disposición de algunas soberanas a la infidelidad conyugal.

También en este aspecto, la historia de Isabel resulta singular. A punto estuvo de tener que padecer maridos impuestos por razones de Estado (ya hemos conocido un caso); pero, finalmente, acabó casándose con su predilecto, pese a los infinitos problemas que para ello tuvo que vencer. De nuevo su conducta, en materia tan decisiva para su vida, acredita sagacidad, reposada inteligencia y habilidad diplomática. Así como mucha suerte. Sólo que, para los providencialistas, la suerte de Isabel, en esto y en todo, hay que atribuirla a la protección del Señor.

Lo que fray Tarsicio de Azcona llama, con gran acierto, la *feria de maridos* de Isabel o la *trata de sangre azul* comenzó cuando la infanta tenía solamente siete años y, curiosamente, el elegido fue entonces el príncipe de Aragón, don Fernando, que contaba ocho y que al cabo del tiempo acabaría siendo su esposo. El proyecto era consecuencia de los pactos establecidos por Enrique IV de Castilla y Juan II de Navarra para afirmar la paz entre sus reinos. Corta fue la duración de la misma, y al romperse el tratado se deshizo también el compromiso nupcial.

En 1460, Juan II de Navarra se confedera con algunos nobles castellanos y con ellos acuerda el matrimonio de Carlos, príncipe de Viana, hijo del monarca navarro, con doña Catalina, hermana del rey de Portugal, lo que suponía grave peligro para Castilla. En vista de lo cual, Enrique IV envió embajadores, ofreciendo la mano de su hermana Isabel al de Viana. Ningún agrado sentía la entonces infanta por semejante marido; pero de nuevo la suerte —o la providencia— actuaron en su favor: el príncipe Carlos murió imprevistamente al siguiente año.

De la no menos sorprendente muerte del más odioso

de los pretendientes, don Pedro Girón, ya hemos dado noticia. Otro proyecto, reiterado en dos distintas ocasiones, siempre por razones políticas, fue el de casar a Isabel con el rey de Portugal, Alfonso V, que era viudo, con varios hijos y, por supuesto, también mucho mayor que ella. La primera vez que se lo propuso Enrique IV, alrededor de 1464, la infanta, con apenas catorce años, adujo que el enlace no podía celebrarse sin el previo consentimiento de las Cortes de Castilla y León: sabía que éstas difícilmente lo prestarían.

Mucho más seria fue la segunda intentona. Reunidos en Villarejo los enviados del monarca castellano con los del portugués, decidieron de nuevo que Alfonso V casara con Isabel, al mismo tiempo que el príncipe heredero de Portugal lo hacía con Juana *la Beltraneja*. Solución que plugo grandemente a la madre de ésta, la disoluta reina Juana, ya que una de las cláusulas establecía que, caso de no tener descendencia Alfonso e Isabel y sí, en cambio, la otra pareja, asumiría ésta la corona de ambos reinos.

No fueron sólo ésas las nupcias posibles. Ya princesa heredera, como consecuencia de los acuerdos de los Toros de Guisando, la mano de Isabel sube de valor y nuevos pretendientes aspiran a ella. Uno es el hermano del rey Eduardo IV de Inglaterra: Ricardo, duque de Gloucester. Nunca interesó políticamente y fue desechado. Otro, el duque de Guyena, hermano de Luis XI de Francia. Secretamente envió Isabel a su capellán a París, para que le informara acerca de él y las noticias resultaron deprimentes: débil, afeminado, de miembros tan flacos que parecían deformes y ojos débiles y llorosos, no era en absoluto recomendable.

En cambio, el propio capellán, que había pasado también por Zaragoza, elogió con entusiasmo las cualidades físicas de Fernando de Aragón —que, además, acababa de ser nombrado rey de Sicilia: *de mediana estatura, bien proporcionado, moreno, con los ojos rientes, los cabellos prietos y, en general, todo él muy atractivo*. Glosó asimismo sus dotes personales y su fama de sosegado e inteligente y la princesa comenzó a inclinarse hacia él. Pero no fue la suya, según costumbre, una decisión poco meditada. Pidió consejo a sus directores espirituales, escribió a los monasterios solicitando oraciones y razonó consigo misma los motivos que la inclinaban hacia este pretendiente: por sus edades muy parecidas; por sus claros merecimientos; porque estaba detrás suyo en el orden sucesorio de Castilla y porque, con el matrimonio, se juntarían las coronas de los reinos. Hay que destacar, por tanto, que en estas consideraciones —que Isabel dejó escritas— aparece ya su preocupación por conseguir la unidad nacional.

Hacía la princesa todas estas meditaciones mientras se hallaba prácticamente confinada en Ocaña, a donde la había recluido Enrique IV, que en absoluto aceptaba su boda con Fernando de Aragón y mantenía firme su decisión de casarla con el rey de Portugal, Alfonso V. Compartían este criterio algunos de sus más adictos nobles —entre ellos, el inevitable marqués de Villena— y, con objeto de realizarlo cuanto antes, solicitaron del monarca portugués que enviara una embajada para solemnizar el casamiento. Intranquilizáronse quienes apoyaban la candidatura del príncipe aragonés —encabezados por el arzobispo de Toledo, Carrillo— y por mediación de su maestresala, hicieron llegar a Isabel un *Razonamiento* en el cual, tras recordarle los muchos grandes del reino, prelados, caballeros, hidalgos y ciudadanos en general que apoyaban la elección de Fernando, pedían que no les tuviera más en suspenso *diciendo que todas vuestras cosas ponéis en manos de Dios y ésta especialmente, porque habéis de saber, señora, que después de tantas oraciones como le habéis hecho, la voluntad de Dios es que declaréis y digáis lo que os place.*

Tomó, al fin, su decisión Isabel, comenzando por reiterar su negativa a la boda con Alfonso V, que prudentemente no insistió, ordenando retirar a su embajada de las cercanías de Toledo. Unos mensajeros secretos corrieron hasta Aragón, para notificar a don Fernando la definitiva aceptación matrimonial de su persona. Villena, que como siempre, se enteró antes que nadie, montó en cólera y pretendió que el rey prendiese a la princesa y la encerrara en el Alcázar de Madrid. Pero Enrique IV no se atrevió a tomar semejante medida de fuerza, en buena parte porque, conocida por el pueblo de Ocaña la intención del marqués, se echó a la calle en ruidosa manifestación, vitoreando tanto a Isabel como a Fernando, cuya candidatura merecía ya la plena aprobación popular. También la del legado pontificio, el nuncio Véneris, cuyo consejo había recabado oportunamente la princesa.

Gran confusión existe entre los historiadores acerca de lo que pudo suceder en los meses posteriores a los hechos relatados. Parece que Isabel permaneció todavía algún tiempo en Ocaña, junto al rey, hasta que éste hubo de marchar a Andalucía, para sofocar una revuelta y lo hizo solicitando de ella su promesa (que no su juramento) de que, en su ausencia, no tomaría decisiones definitivas respecto de la boda con Fernando. Dicen unos que en mayo de 1469, la princesa marchó a reunirse con su madre en Arévalo; otros la dirigen a Madrigal, por el mismo motivo; algunos la hacen ir a Ávila. Lo cierto es que buscó acogerse a *la más honesta estancia*, en la compañía materna, mientras su fiel maestresala Gutierre de Cárdenas iba y venía de Aragón, facilitando el intercambio de cartas entre los prometidos, al tiempo que precisaba los detalles últimos de los esponsales. En Cervera se habían firmado las capitulaciones matrimoniales, en virtud de las cuales se respetaría a Enrique IV, siempre que éste respetara la paz otorgada con su hermana; la justicia sería administrada por Fernando; éste no podría firmar, sino en unión de su esposa, documentos de mercedes, juramentos y homenajes, nombramientos de prelacías, maestrazgos, prioratos, alcaidías y cargos públicos; tampoco podría abandonar Castilla sin consentimiento de su mujer ni sacar de allí a sus hijos, ni emprender empresa sin su voluntad.

En lo tocante a las finanzas, se concedía a Isabel la dote de las reinas de Aragón: las ciudades de Borja y Magallón, Elche y Crevillente y la cámara de la reina en Siracusa. Además, 100 000 florines de oro, pagaderos a los cuatro meses de consumado el matrimonio y 4 000 lanzas, en caso de necesidad bélica. Pero además, Fernando regaló a la novia un precioso collar de rubíes, que personalmente fue a retirar a Valencia, donde su padre lo había empeñado en un prestamista. El cual dicen que aceptó el rescate de la joya sólo por tres mil florines, cuando estaba valorado al menos en 40 000. Constaba de siete gruesos rubíes, que colgaban de un torzal de oro macizo y se alternaban con ocho perlas de tono grisáceo. Isabel recibió el magnífico obsequio con enorme ilusión, aunque no se lo probó: sólo lo usaría después del matrimonio. Más adelante, el collar recorrería en diversas ocasiones el camino, que tan bien conocía, de las casas de empeño: la reina católica lo pignorará para conseguir dinero, en los momentos económicos difíciles que habrá de atravesar la Corona.

Supo el rey, naturalmente por mediación del marqués de Villena, el envío del collar, que confirmaba la certeza de las capitulaciones matrimoniales de su hermana y dio órdenes a los suyos para que fuese prendida durante su estancia en Madrigal. Tan firme era su decisión que, creyendo inevitable la prisión de Isabel y con gran dolor para ésta, fue abandonada por sus damas doña Beatriz de Bobadilla y doña Mencía de la Torre. Por fortuna, se adelantaron a los hombres del rey, con los suyos, el arzobispo de Toledo y el almirante de Fadrique, que llegaron a tiempo de salvar a la princesa, a la que llevaron tras una breve estancia en Hontiveros, a Valladolid, donde fue recibida con general entusiasmo. Desde allí escribió a Enrique IV, manifestándole de modo definitivo su intención de contraer próximo matrimonio con Fernando.

Pero era preciso hacerlo sin pérdida de tiempo, para evitar nuevas intromisiones del rey de Castilla y, sobre todo, del marqués de Villena, máximo obstaculizador de la boda, no sólo por su simpatía hacia Portugal, sino porque temía que Aragón le reclamase la entrega de buena parte de sus posesiones en Levante. Urgía, pues, hacer venir a Castilla a don Fernando, antes de que sus principales enemigos regresaran de Andalucía. Y con tal misión partieron hacia Zaragoza el siempre adicto maestresala Gutierre de Cárdenas y el capellán del arzobispo y antiguo cronista de don Alfonso, Alonso de Palencia.

* * *

Habían partido de Tarazona; eran seis mercaderes, vestidos con decoro, aunque sin la menor elegancia, y un arriero, que les servía de criado. Hacían el camino de noche, pese a que el otoño era tibio y no justificaba, en absoluto, escapar de los rayos del sol. Procuraban eludir el paso por las fortalezas de los Mendoza, aunque forzosamente debían atravesar sus amplias posesiones. Descansaban en los mesones del camino, donde solían llegar con las primeras claras del día y se encerraban prestos a dormir, evitando las charlas con extraños. Comían con buen apetito, bebían sin excederse los ricos vinos de Cigales y de Toro y entretenían la sobremesa con los naipes.

El arriero, que previamente había servido a la mesa a los mercaderes, se sentaba después con ellos a jugar y a fe que se mostraba diestro en el manejo de las cartas. Hasta el punto que el mayor de los viajeros, que parecía dirigir la comitiva, en más de una ocasión se lamentó de la buena suerte del mozo.

—En verdad que os acompaña la fortuna...

—Reparad, señor, si no será también que pongo mis sentidos en el juego.

Terció otro de los mercaderes:

—Pues tengo para mí que, en cuanto os desposéis, más os valdrá olvidar semejante maña. Ya que de vuestra prometida se cuenta que es enemiga mortal de los naipes y cualesquiera juegos de azar.

—Dejadme, entonces, que aproveche lo poco que me resta de mi soltería.

Al caer la tarde seguían camino, hacia el Oeste, a lo largo de la ribera del Duero, huyendo siempre de pasar por las aldeas. Cabalgaban al galope y el joven arriero mostraba singular destreza con las riendas. No casaba semejante habilidad de caballero con su traje andrajoso y el sucio gorro con que se cubría. A los dos días de camino, avistaron El Burgo de Osma. Era noche cerrada y cerradas estaban también las puertas del castillo, primero que encontraban fuera de la jurisdicción de los Mendoza. Adelantóse el arriero, desoyendo las voces de sus señores, los mercaderes, y aporreó con fuerza en el portón. Como toda respuesta, se le vino encima un aluvión de piedras y una de ellas le rozó la oreja.

—¿Estáis locos? —gritó el mozo—. ¡Soy el príncipe don Fernando de Aragón! ¡Que se persone sin demora el alcaide!

Confirmada la identidad de los caballeros, el alcaide excusó a su guardia, por haberles confundido con ladrones: lo normal, dado su aspecto. Pasaron allí la noche, pudieron lavarse y cambiar de ropas y a la mañana siguiente, el propio alcaide les sirvió de guía, acompañado de fuerte escolta. Llegados que fueron a Dueñas, hicieron allí noche, adelantándose dos caballeros de la escolta a Valladolid, para avisar a la princesa Isabel de la inmediata presencia de su prometido. Entró éste en la ciudad el 12 de octubre y dos días más tarde dirigióse al palacio de don Juan de Vivero, donde residía Isabel. Le aguardaban en la puerta el arzobispo de Toledo, que le acompañó hasta el aposento de la princesa. Gutierre de Cárdenas, al entrar don Fernando, dijo por lo bajo a su señora: *Ése es, ése es.* Según la leyenda, por tal motivo quedaron las *SS* en su escudo de armas.

Dos horas duró la primera conversación de los novios, celebrada en presencia de seis testigos. La recíproca impresión que se causaron Isabel y Fernando, al conocerse personalmente, fue óptima; ella confirmaba, pues, el acierto que había tenido al enamorarse *de oídas* de tan sugestivo galán. Sugestivo, más que apuesto; no era mucho más alto que la princesa, aunque su aspecto robusto denotaba buen vigor físico. Tenía pobladas las cejas, una mirada viva, incipiente calva y los dientes, algo separados, hacían especialmente simpática su sonrisa. Pero sobre todo, era discreto en el hablar y tenía claros los juicios.

Aquella misma noche se firmó el acta de desposorio, concertándose la solemne ceremonia de la boda para el jueves, 19 de octubre. La víspera se celebró el desposorio público (equivalente al matrimonio civil) en la *sala rica* del palacio de los Vivero. Ofició la misa el beneficiado de la iglesia de San Justo, Pedro López de Alcalá, siendo padrinos el almirante don Fadrique y la esposa de don Juan de Vivero, doña María. La asistencia de nobles fue escasa, con total ausencia de los prelados castellanos. Estuvieron también representadas las estirpes de los Enríquez, los Carrillo y los Manrique.

El arzobispo de Toledo leyó la bula pontificia por la que se dispensaba a los contrayentes del impedimento de consanguinidad que les afectaba, al ser primos segundos. Pero semejante documento (fechado en Roma cinco años antes) resultó muy controvertido, hasta el punto de llegar a afirmarse que había sido falsificado y no era por tanto cierta la dispensa del papa Paulo II, reiteradamente solicitada, tanto antes como después del matrimonio, y siempre negada, dadas las inclinaciones del Pontífice en favor de Enrique IV y su conocimiento de que éste desaprobaba el enlace de su hermanastra con el príncipe aragonés. En todo caso, resulta evidente que el nuncio De Véneris, legado de Su Santidad, había anticipado, ya en ocasión de los acuerdos de la Venta de los Toros de Guisando, que los desposados contarían con una dispensa canónica, especial y secreta, para el fuero de conciencia. Y el primado don Alonso Carrillo aseguró siempre a Isabel que no existía problema alguno que ilegitimara su matrimonio.

Convencidos sin duda de ello, los recién casados comunicaron al Papa la celebración y consumación de su matrimonio, por mediación del rey de Aragón. Y enviaron una embajada a Segovia, donde se encontraba Enrique IV, para darle noticia del casamiento y pedirle *que quiera recibirnos por verdaderos hijos y como tales, aprovecharse y servirse de nosotros.* Pero el mensaje no obtuvo respuesta; el rey se excusó manifestando que la cuestión era de mucha importancia y requería deliberación y acuerdo con su Consejo.

En realidad, todo lo tenía ya bien decidido. Insistió ante el Pontífice en su solicitud de desheredamiento de Isabel y en el mismo sentido orientó toda su política internacional, pretendiendo incluso expulsar a los príncipes de Castilla. Pasaron los recién casados meses amargos aquel invierno, en Valladolid, y el año de 1470 conoció la gran conjura del reino contra ellos.

Imposible parece que lograran sobreponerse a ella.

CAPÍTULO TERCERO

Amargos fueron, en verdad, los primeros meses del matrimonio. Don Ramón Menéndez Pidal los resume en una frase harto expresiva: *tristezas en la luna de miel*. A las maniobras políticas de Enrique IV se unía un problema tan vulgar como grave en las circunstancias de los príncipes: la falta de dinero. Don Fernando escribía a su padre, el 11 de febrero de 1470, explicándole la mala situación en que se hallaba y cómo los nobles de su entorno se desesperaban, *que yo dineros dar non les puedo para sostener sus gentes e me servir e algunos dellos están para me dexar e tomar otro partido.*

Por si algo faltara, el más fiel valedor de la pareja, el arzobispo don Alonso Carrillo, tuvo un duro enfrentamiento con Fernando, consecuencia del firme carácter de éste, pronto manifestado. Estaban tratando ambos en Valladolid problemas de Estado y como el primado quisiera imponer su voluntad, el joven príncipe, *como moço más claro de lo que deviera y aquellos tiempos cupían* le manifestó que no aceptaba ser gobernado por nadie y que ni el arzobispo ni ninguno imaginaran otra cosa, pues bien le constaba que muchos reyes de Castilla se habían perdido por su debilidad.

Tales palabras, pronunciadas por un aragonés de diecinueve años ante el personaje más representativo de Castilla, forzosamente irritaron a éste, poco acostumbrado a que la gratitud no conllevara sumisión. Estaba igualmente disgustado con la princesa Isabel, que aunque con mejores modales que su marido, tampoco aceptaba plegarse a sus imposiciones. De ahí que el arzobispo, muy en las costumbres de la época, dijera un día a los comisarios del rey de Aragón que, si muy maltratado se veía, volvería la espalda a los príncipes, como antes lo había hecho a Enrique IV. Comenzó entonces a correr el rumor de que el primado Carrillo se disponía a amigarse con su sobrino Pacheco, el tristemente famoso marqués de Villena, ahora gran maestre de Santiago, por haber cedido el marquesado y sus posesiones a su hijo, máximo enemigo de los recién casados. La especie —no confirmada después— debilitó todavía más la situación de aquéllos.

En febrero de 1470 se hizo público el embarazo de Isabel. En un nuevo gesto de buena voluntad, la princesa escribió una larga carta a su hermanastro, en la que comenzaba recordándole que habían pasado cuatro meses desde que le remitió otra, *a la que Vuestra Señoría no nos ha respondido.* Reiterábale su acatamiento, pero ante el cariz que comenzaban a tomar los asuntos castellanos, al intentar *meter gentes extrangeras, a esta nación muy odiosas,* convirtiendo en internacional el problema de la sucesión al trono, proponía someter la cuestión a las Cortes o confiar su estudio a los superiores de cuatro órdenes religiosas y a los grandes del Reino. Tampoco la misiva mereció respuesta.

Ocurría que el duque de Guyena, pretendiente francés a la mano de Isabel, rechazado por ésta, no había perdonado el desaire y aunque ya no era heredero del trono, por haber tenido un hijo la esposa de su hermano, Luis XI, quería a toda costa entroncar con la Corona de Castilla. En julio llegó a Medina del Campo una espléndida embajada del monarca galo, presidida por el intrigante cardenal de Alví, para negociar el matrimonio del duque con Juana *la Beltraneja.* En su discurso ante Enrique IV, el prelado se permitió ofender a la princesa Isabel, *con palabras tales* —al decir del cronista Castillo— *que por su desmesura son más dignas de silencio que de escritura.* Al propio tiempo que se gestionaba la boda, el rey desplegaba una intensa actividad diplomática ante el Pontífice, para conseguir que declarara la ilegitimidad del matrimonio de Isabel con Fernando, por falta de la debida dispensa de consanguinidad.

Ante la gravedad de la situación, los príncipes habían decidido trasladarse de Valladolid a Dueñas, en cuya fortaleza se encontraban mejor protegidos de posibles ataques del rey. Fernando cursa estrictas órdenes a los embajadores de Aragón ante el Papa para que, de acuerdo con los embajadores castellanos de Isabel y el arzobispo de Toledo, se opongan a la revocación de los derechos reconocidos en la Venta de los Toros de Guisando por el legado pontificio, nuncio De Véneris. Paulo II no desautorizó por el momento a su legado, ni atendió las presiones francesas.

Aumentando las contrariedades de los príncipes, a mediados de septiembre, la ciudad de Valladolid, que tanto amaban, pasó a poder de Enrique IV, que se aprovechó de las disidencias entre cristianos viejos y conversos y de la rivalidad que mantenían el almirante Fadrique y el noble Juan de Vivero, para tomarla por las armas sin grande lucha. Por si las desdichas fueran pocas, a espaldas de la princesa, su hermanastro, el rey, acordó que si Isabel daba a luz un varón, casaría con la princesa Juana y ambos serían reconocidos herederos, *marchando en ora buena fuera del Reyno los Reyes de Sicilia.* De nuevo la fortuna —la providencia— salvó el riesgo: el 2 de octubre, Isabel traía al mundo una niña. La maniobra de Enrique IV quedaba así desbaratada.

Entonces, el monarca castellano jugó a fondo la baza del pretendiente francés. El 26 de octubre se reunieron en el valle de Lozoya, entre el monasterio del Paular y Buitrago, los emisarios de Luis XI, con el cardenal de Alví a su cabeza y el rey Enrique y su esposa, acompañados por la discutida princesa Juana. La ceremonia había sido cuidadosamente preparada por los Mendoza; los reyes juraron ante el cardenal francés que aquella niña era hija legítima suya y la princesa Isabel fue públicamente desposeída de su título de heredera, acusándola de haber incumplido los acuerdos de Guisando al casarse sin consentimiento del rey.

A continuación, todos los nobles presentes juraron por princesa a la niña Juana, tenida hasta entonces como *la Beltraneja* y se celebró su desposorio con el duque de Guyena, en nombre del cual y por poderes actuó el conde de Borgoña. Es curioso que, entre quienes rubricaron el acta, figuraban varios de los nobles que, años antes, habían depuesto a Enrique IV en Ávila, en la humillante pantomima que ya narramos, para jurar al infante Alfonso y después a su hermana Isabel. A saber: el entonces marqués de Villena (¡cómo no!) y los condes de Benavente, de Plasencia y de Miranda. Asombra la versatilidad de aquella oligarquía del siglo XV.

Enrique IV comunicó a todo su reino el juramento como princesa de Juana y la privación del título para Isabel, en una carta de tonos insultantes, inspirada sin duda por el cardenal de Alví. En ella acusaba a su hermanastra de haber incumplido los acuerdos de Guisando, de haber atropellado las leyes, faltando a la palabra dada e incluso de casarse sin dispensa con Fernando, por lo que debía ser tenida, simplemente, como su manceba. Para convalidar la sucesión, trató también el rey de convocar Cortes en Segovia; pero desechó pronto la idea, ante la más evidente probabilidad de que no admitieran la legitimidad de *la Beltraneja*.

Al tener conocimiento de la afrentosa carta, la reacción de Isabel fue muy enérgica: dirigió a su vez una extensa misiva a los Concejos del Reino, aunque su tono era durísimo, bien distinto al conciliador de sus anteriores escritos al rey. Con agresiva dialéctica, hacía un repaso a todo lo sucedido en Castilla desde 1462, siendo ella infanta, y lamentaba que en su carta, su hermano mirase *muy mal por mi honra*. Añadiendo después: *non se puede defender la una syn que la otra quede emancillada, seyendo como somos fijos de un mismo padre*. Atacaba la legitimidad de *la Beltraneja*, utilizando la frase que Enrique firmó en Guisando: *la Reyna no ha usado limpiamente de su persona*. Recordaba que, a la muerte de su hermano Alfonso, rechazó el título y señorío de reina que le ofrecían los grandes, los prelados y las ciudades, por respetar el mayor derecho de Enrique y para evitar *las roturas destos regnos*. Aludía a los escándalos del rey y le acusaba de haber sido él quien, sólo a los cuatro meses de firmarla, quebrantó la concordia de Guisando.

Negaba también haber dado jamás seguridades al rey de que le esperaría en Ocaña y en lo tocante a la denunciada ilegalidad de su matrimonio con Fernando, por falta de dispensa, advertía a Enrique que *Su señoría no es Juez deste caso*, asegurándole tener tranquila la conciencia y que ello se demostraría *por bulas y escrituras auténticas, cuando fuera necesario*. Finalmente, rechazaba con indignación la insinuación de que había llegado al matrimonio *pospuesta la vergüenza virginal*, asegurando que por la *gracia de Dios, que fue mi mejor guarda... he dado tan buena cuenta de mi persona como convenía a mi real sangre*.

* * *

Nuevamente cambian su residencia los príncipes, a finales de 1470, trasladándose a Medina de Rioseco, donde permanecerán hasta noviembre del siguiente año, más seguros todavía que en Dueñas, ya que la villa está bien defendida y es cabeza del señorío de Alfonso Enríquez, primogénito del almirante de Castilla. Pero la elección disgustó definitivamente al arzobispo Carrillo, que se separó de los príncipes, retirándose a sus posesiones de Toledo. La mediación del maestre conde de Paredes logró suavizar las tensiones y a finales del 71, Isabel y Fernando entraron en tierras toledanas, para residir primero en Torrelaguna y después, en Alcalá de Henares, ya nuevamente en buena relación con el primado.

Encontrándose en Alcalá, fue requerido don Fernando por su padre, el rey Juan II de Aragón, para que colaborara con él en el sitio de Barcelona. Al cabo de tres meses de estar en Pedralbes y como la capital catalana seguía sin rendirse, el príncipe regresó a tierras de Toledo, siendo criticado por quienes estimaron demasiado grande su impaciencia por volver junto a su esposa. Apenas un mes más tarde, Barcelona aceptaba las condiciones puestas por Juan II para su entrega y el rey hacía su solemne entrada en la plaza.

Talmente diríase que la importante victoria del padre de don Fernando, que tanta repercusión tendría en el futuro de sus reinos, suponía el fin de las tribulaciones de los príncipes. En pocos meses iban a producirse acontecimientos políticos muy favorables para ellos, y nuevamente dos fallecimientos imprevistos beneficiarían la causa de Isabel. El duque de Guyena murió en Burdeos a mediados de 1472; aunque sus entusiasmos por consumar el matrimonio por poderes celebrado con *la Beltraneja* habían remitido en los últimos tiempos, su desaparición dio al traste con el montaje tan cuidadosamente preparado por Enrique IV.

Mayor importancia tuvo el óbito del papa Paulo II, ocurrido a finales del año anterior, cuando nada hacía esperar el fatal desenlace. Le sucedió en el solio pontificio el franciscano Francesco della Rovere, con el nombre de Sixto IV, que solamente cuatro meses después de ser proclamado, dictaba la bula *Oblatae nobis*, por la que subsanaba cualquier defecto que pudiera haber habido en el matrimonio de los príncipes. La trascendencia del documento resultó inmensa; para Isabel y Fernando, supuso la tranquilización definitiva de sus conciencias; para la nobleza y el pueblo, disipó toda reticencia respecto de la legalidad de su vínculo, facilitando así el acercamiento a ellos.

Aquel verano del 72, el nuevo papa nombró cinco legados *ad latere* para que viajasen por Europa, interesando a la Cristiandad en la defensa de la fe contra el peligro turco. A España fue enviado el cardenal Rodrigo de Borja, valenciano —futuro Pontífice— cuya misión no sólo consistiría en conseguir subsidios para el clero y predicar las indulgencias de la Cruzada, sino que, cumpliendo las vastas funciones diplomáticas que en la época desarrollaba el Papado, debía procurar el apaciguamiento de Castilla y apoyar la sucesión de Isabel en el trono de Enrique IV. Las hábiles gestiones desarrolladas por los comisionados de Juan II en Roma habían dado sus frutos.

Rodrigo de Borja desembarcó en Valencia, donde fue recibido con delirante entusiasmo; se entrevistó por vez primera con el príncipe don Fernando en Tarragona; pasó a Barcelona, para regresar pronto a Valencia y marchar desde allí a Castilla, acompañado por Fernando. Se reunió con Enrique IV, con los más descollantes nobles de la Corte y conoció a Isabel, que le impresionó muy favorablemente. En cambio, no visitó a la reina Juana ni a su hija, *la Beltraneja*. En definitiva, durante los varios meses que duró la estancia del legado pontificio, encauzó decisivamente la pacificación de Castilla, acercó a los Mendoza a la órbita de la princesa Isabel y allanó el camino de ésta hacia el trono.

Cuando más necesaria era su presencia en Castilla, recibió Fernando aviso de su padre, que en guerra contra los franceses, se veía duramente atacado en Perpiñán, pidiendo que acudiera en su ayuda. En Talamanca, donde se hallaban residiendo, celebraron conciliábulos el príncipe, su esposa y el arzobispo Carrillo, coincidiendo todos en la necesidad de que aquél respondiera a la demanda del rey Juan. Partió, pues, don Fernando con cuatrocientas lanzas y quiso Isabel que ello se interpretara como un giro nuevo en la política castellana, que se aliaba decididamente con Aragón en sus cuestiones con Francia. Los auxilios del príncipe —desde Valencia le enviaron refuerzos importantes— resultaron eficaces; el anciano rey aragonés firmó una concordia con sus enemigos, por la que obtenía las tierras del Rosellón y la Cerdaña, lo que justificó el clamoroso recibimiento que le dispensó Barcelona al regresar de la campaña.

El asentamiento de los príncipes, cuyo prestigio incluso rebasaba las fronteras españolas, se confirmaría durante el verano de aquel dichoso 1472, en ocasión de la visita de la embajada extraordinaria del duque de Borgoña, Carlos, el Temerario.

La esplendorosa juventud —21 años— de la princesa Isabel luce de forma especial por la elegancia de su vestido, un brial de terciopelo verde y un tabardo de brocado carmesí raso y un rico collar. ¿El que le regalara don Fernando en su petición? Quizá. Ocupa la princesa un estrado alto, guarnecido de alfombras, con un dosel de seda. A menor altura, se sitúan las damas de su compañía, también suntuosamente ataviadas. La sala del palacio de Alcalá de Henares es grande, toldada de paños de oro y seda. Don Arturo de Borbón, que preside la embajada del duque de Borgoña, entra acompañado del arzobispo Carrillo; le siguen los caballeros que forman su comitiva. De pie, con gesto majestuoso y amable sonrisa, recibe Isabel la reverencia de sus ilustres visitantes.

La recepción es breve. El embajador da cuenta de los poderes que tiene otorgados por el rey de Inglaterra y el duque de Borgoña y ofrece a la princesa sus saludos y le traslada el vivo interés que tienen en que, por su mediación, puedan enmendarse las muchas desgracias que en los últimos diez años se han abatido sobre Castilla. Precisa algo importante: que aunque es notorio que el trono está ocupado por don Enrique IV, el conocimiento de su mala disposición para concertar tratados de paz, y la certeza de ser doña Isabel la legítima heredera, les mueven a mantener con ella y sus adictos nobles, como con el muy prudente arzobispo de Toledo, las negociaciones y pláticas que tanto acucian, así al rey de Inglaterra como al duque de Borgoña, ansiosos ambos por asentar la amistad de doña Isabel y don Fernando con el rey de Nápoles, el rey de Francia y el duque de Bretaña, todo ello con miras a la unión de los reinos cristianos.

Fuéronse los embajadores a reposar, que muy fatigados venían, y al siguiente día, después de comer, tuvieron lugar las primeras conversaciones, deslumbrando de nuevo doña Isabel a sus huéspedes con un vestido de un brial de brocado carmesí verdugado de catí verde y una ropa de catí larga, con gran collar de balages. (Éste sí que era el regalado por don Fernando. Hay que suponer, por tanto, que distinto fuera el lucido el día anterior.) Se trataron los diversos temas, en ambiente de extrema comprensión y continuaron las conversaciones al otro día, celebrándose al atardecer una fastuosa fiesta, según el más exigente protocolo de las embajadas europeas. Incluso danzó la princesa con doña Leonor de Luján, una de sus jóvenes damas. Lo cual era costumbre castellana, aunque pocas veces la repetiría en el futuro doña Isabel.

Cinco fueron las jornadas vividas en Alcalá por la embajada de Borgoña. La última, 5 de julio, los festejos resultaron de especial esplendor, por tratarse de la despedida de los ilustres visitantes. Hubo juegos de cañas y toros y la princesa mudó varios trajes. Para ir a ver los toros, cabalgando en un trotón con guarnición de plata dorada que pesaba más de ciento veinte marcos, llevaba un brial de carmesí; los verdugos, de oro; una ropa de raso toda arpada; en la cabeza, una corona con muchas piedras y el collar de las flechas. Según Menéndez Pidal, es la primera noticia que se tiene de que Isabel usara la insignia del haz de flechas, símbolo de la unión de los reinos que tanto se empeñaría en conseguir. Por cierto que la fiesta taurina desagradaba a la princesa, que pocas veces, en lo sucesivo, acudiría a presenciarla.

Parece innecesario destacar la importancia que tuvo la embajada del duque de Borgoña, en cuanto suponía explícito reconocimiento de la autoridad de la joven princesa. Desde Alcalá, don Arturo de Borbón y su séquito se dirigieron a Zaragoza; pero antes se detuvieron en Guadalajara, donde consiguieron la adhesión a los príncipes del marqués de Santillana, del obispo de Sigüenza, del condestable de Castilla y de la familia Mendoza. Aunque todos pidieron determinadas garantías para ellos y sus coaligados.

* * *

El patrimonio real se desmoronaba; la prodigalidad de Enrique IV, tan propicio a distribuir mercedes entre los nobles de su corte, para así mantenerlos adictos, iba empobreciendo la Corona. Destacaba la codicia del maestre de Santiago (¡el antes marqués de Villena!) que recibió en pocos meses las villas de Alcaraz y de Sepúlveda. Semejantes liberalidades enojaban al pueblo, cada día más inclinado hacia los príncipes: en 1473, Aranda de Duero y Ágreda, rebelándose contra las donaciones hechas por el rey, se entregaron a Isabel. Y la villa de Moya, y Bilbao, con todo el condado de Vizcaya. Andalucía seguía siendo adicta y don Fernando ganó más tarde Tordesillas.

Así las cosas, don Andrés Cabrera, mayordomo del rey y alcaide del Alcázar de Segovia, ideó reconciliar a Enrique IV con su hermana, después de casi cinco años que no se veían. Estaba casado este caballero con doña Beatriz de Bobadilla, la que fuera amiga de infancia de Isabel y después, dama preferida suya, hasta que perdió su confianza al huir de su lado, en Madrigal, cuando se temía que fueran prendidas por los hombres del rey. Sin duda vio ocasión de recuperar el favor de la princesa y animó con vehemencia a su marido para que llevase a buen fin el plan que se había trazado.

Cabrera hacía tiempo que venía convenciendo al rey del flaco servicio que le hacía el maestre Pacheco (antes, marqués de Villena), a quien había concedido el Alcázar de Madrid y, no contento con ello, ambicionaba ahora el de Segovia. Elogiábale al tiempo las dotes de prudencia y el talento natural de doña Isabel, así como el respeto que siempre le había guardado, por lo que sería bien visto por el pueblo y muestra de generosidad y altura de ideales por su parte, que, cumpliendo lo acordado en los Toros de Guisando, le entregara la ciudad de Segovia.

Enrique, que atravesaba momentos de una debilidad aún mayor que la suya habitual, no desechó la idea. Estaba en pésima relación con su esposa, harto ya de su vivir disoluto y últimamente se veía poco con Pacheco; la situación, por consiguiente, no podía ser más favorable. Para evitar cualquier sospecha, decidieron los esposos Cabrera que Beatriz saliera de Segovia disfrazada de aldeana y a bordo de un asno y así se llegara a Aranda, donde estaba la princesa, para proponerle la entrevista con su hermanastro.

La aceptó sin dudar Isabel —además de devolver su amistad a Beatriz— y en compañía del arzobispo de Toledo acudió a Segovia. Enrique —a quien hubo que traer de una montería— la recibió calurosamente y por vez primera hubo cordialidad en las conversaciones; tanta, que el rey salió a pasear con su hermana por las calles de la ciudad, llevando de su mano la rienda de su cabalgadura, con gran contento de los segovianos, que sentían viva simpatía por la princesa. Se prolongaron las fraternas jornadas y el monarca parecía muy dichoso, prodigando sus ternezas con Isabel; hasta llegó a amenizar las sobremesas con cantos, ya que presumía de buena voz y de puntear con donaire el laúd.

El día de Año Nuevo llegó Fernando de Perpiñán. El rey, que aún no le conocía, estuvo sumamente afectuoso con él e incluso pidió que trajeran de Aranda a su hija, la infanta Isabel, que entonces tenía tres años, lo que no pareció oportuno a sus padres. Sacó asimismo a pasear a

Fernando por Segovia, en compañía de su esposa, reiterando así su buena disposición con los príncipes. El 6 de enero, fiesta de la Epifanía, el alcaide ofreció un banquete al monarca y a la joven pareja, en las Casas del Obispo; durante la comida, Enrique sufrió fuertes dolores en un costado y tuvo que retirarse. Varios días permaneció enfermo y al reponerse, marchó a Madrid.

También don Fernando dejó Segovia, para empeñarse en una sutil acción diplomática, que terminaría por atraer definitivamente a su causa a las más poderosas familias castellanas, comenzando por la de los Mendoza; aunque ello motivó un nuevo enfado del arzobispo Carrillo, primado de Toledo, que amargado por lo que creía una ingratitud de los príncipes a sus muchos servicios, se retiró a Alcalá de Henares. Ciertamente, su hora había pasado; la sagacidad de Fernando le permitió comprender que mucho más útiles le resultaban en aquellos momentos los nobles, hasta entonces reacios a su persona y a la de Isabel.

Por eso, cuando gran parte de la nobleza castellana se concentró en los campos de Carrión, para liberar la villa del conde de Benavente, a quien meses antes se la había concedido Enrique, en una de aquellas liberalidades que tanto perjudicaban al patrimonio de la Corona, don Fernando ofreció su ayuda personal al marqués de Santillana, que comandaba los ejércitos. No fue necesaria, pues el rey indemnizó al de Benavente, recuperándose la ciudad sin sangre. Pero Santillana, agradecido, concertó una entrevista en campo abierto con el príncipe, al que todavía no conocía. Celebróse, estando también presente el condestable de Castilla. Ambos personajes aseguraron que apoyarían la sucesión del trono en favor de Isabel, así como que procurarían inclinar a su causa a los grandes del reino.

Consciente de la necesidad de liberar a las clases populares de la opresión que sufrían por parte de ciertos nobles, rescatando al tiempo para la Corona tantas villas y privilegios como el débil Enrique había ido concediendo a aquéllos, el príncipe, ayudado por el duque de Alba —que previamente le había reconocido como sucesor al trono— dio un audaz golpe de mano, conquistando Tordesillas y sus fortalezas y arrojando de allí al alcaide de Castronuño, que gobernaba la comarca con tiránicos modos. Fue un claro anuncio de las intenciones de Isabel y Fernando, ansiosos por convertir a los pueblos en vasallos de la Corona, pero nunca de las oligarquías caprichosas de la nobleza. Esta política les valió la adhesión de las clases bajas y medias de Castilla.

Pero el maestre Pacheco seguía ejerciendo la misma influencia sobre el rey que en sus tiempos de marqués de Villena; y de nuevo encizañó al monarca —que se hallaba en Madrid, muy quebrantado de salud—, presentando la acción de Tordesillas como una afrenta a su persona y convenciéndole para marchar a Portugal, con el deseo de actualizar de nuevo el viejo proyecto del matrimonio de *la Beltraneja* con Alfonso V. Camino de Trujillo, Pacheco se sintió enfermo y pese a los esfuerzos de su físico particular, falleció *arrojando mucha sangre por la boca*. Terminaba así la existencia de uno de los personajes más turbios, intrigantes y rastreros de la historia; la noticia no dejó de causar alegría en el pueblo y hay que suponer que tampoco desagradaría a la princesa.

En este tiempo, Fernando iba y venía con frecuencia de Aragón a Segovia, donde Isabel permanecía atenta a combinar todos los hilos que asegurarían su sucesión. Durante su estancia en Zaragoza, en agosto, su marido había acreditado su talante absolutista al ordenar la brutal ejecución de Jimeno Gordo, hidalgo que renunció a su estirpe para conseguir cargos públicos y a quien hizo ajusticiar, con total desprecio de las formalidades legales, en un escarmiento de corte puramente medieval. Anduvo también Fernando por Barcelona, acompañando a su provecto padre y presidió finalmente en Zaragoza las Cortes, como lugarteniente del reino. Allí fue a verle Alonso de Palencia, para informarle de los problemas surgidos en la sucesión al maestrazgo de Santiago, vacante por la muerte de Pacheco.

Pues, sin consultar con la nobleza, Enrique IV había nombrado nuevo gran maestre al hijo del difunto, Diego López Pacheco, sucesor también en el marquesado de Villena; e incluso envió un emisario a Roma, para agilizar la transmisión. Decisión tan atrabiliaria causó profundo enojo en todo el reino y, especialmente, en los varios grandes que aspiraban al título; sin pretenderlo, el monarca sumaba así nuevos adictos a la causa de Isabel. Bien lo explica el cronista Castillo: *Sucedió que la mayor parte de los Prelados y caballeros del Rey, se aficionaron (sic) a la Princesa, su hermana, poniendo gran duda en la hija.*

Pero además, el conde de Osorno prendió por la fuerza al nuevo gran maestre, reduciéndole a prisión. Suponía aquello un claro desafío a la autoridad real y Enrique IV,

pese a sus dolencias, púsose en camino hacia Extremadura, para entrevistarse con el conde y ver de zanjar el
incidente. Regresó a Madrid en noviembre, muy achacoso,
y apenas salió ya del regio Alcázar, donde moriría la
noche del 11 al 12 de diciembre de 1474, según sus médicos, a causa de un flujo de sangre. Confesó antes, durante
una hora, con el prior de San Jerónimo del Paso y dispuso
su enterramiento en el monasterio de Guadalupe, así como
diversas mandas, aunque no dejó testamento.

Esta circunstancia, ciertamente extraña dada la situación política de Castilla y León, dio pábulo a toda clase
de conjeturas; incluso circuló una leyenda novelesca, según
la cual había existido un testamento, que entregado por
el secretario Juan de Oviedo a un clérigo, fue enterrado
por éste en un cofre, cerca de la villa portuguesa de Al-
maida y descubierto treinta años más tarde, el rey católico
lo mandó destruir. Tan fantástica versión ha sido enteramente descartada por la totalidad de los historiadores.

Como asimismo la posibilidad de que Enrique IV mu-
riese envenenado. Aunque el doctor Marañón dejó escrito
un agudo ensayo, en el que mantenía semejante versión,
ni las circunstancias que rodearon el fallecimiento del rey,
ni su mismo cuadro clínico, en los días que precedieron
al óbito, justifican más explicación lógica que la de una
muerte natural; en este sentido se manifiestan la gran
mayoría de los historiadores que han investigado este
crucial período de la historia de España.

La noticia de la muerte del rey Enrique IV llegó oficialmente a Segovia el 12 de diciembre. Al siguiente día —con
insólita y, sin duda, premeditada rapidez— fue procla-
mada reina de Castilla y León la princesa Isabel. Así
consta en la oportuna acta, extendida en el Concejo de
Segovia y que actualmente figura en el archivo municipal
de la capital castellana. Los detalles de la ceremonia son
precisos: primeramente, el Concejo recibe a dos mensajeros enviados por la princesa, que solicitan que sea ju-
rada como reina, confirmada que es la muerte del rey por
los emisarios de Madrid. Y lo piden toda vez que aquél
ha fallecido *sin dexar fijo ni fija legítimo heredero*. El
Concejo accede a la petición, dada la notoriedad de los
hechos.

Después, en un estrado de madera colocado frente a
la puerta de la iglesia de San Miguel, en la plaza Mayor,
en la silla real y rodeada por el nuncio de Su Santidad,
muchos nobles, caballeros, religiosos de todas las Órdenes
y el Cabildo catedralicio, Isabel escucha las razones jurí-

dicas de su proclamación. Se fundan en los acuerdos tomados en 1468, en las vistas de los Toros de Guisando y en presencia del entonces legado pontificio, Antonio de Véneris.

A continuación, la nueva reina, con la mano sobre los Evangelios, juró *ser obediente a los Mandamientos de la Santa Madre Iglesia y honrar a sus Prelados y Ministros y defender las Iglesias con todo su leal poder y mirar por el bien común de sus reinos de Castilla y León y mantener a sus súbditos en justicia, como Dios mejor le diese a entender.* Hincáronse de rodillas todos los presentes, terminado el juramento y recibieron y reconocieron a Isabel como reina y señora natural y propietaria de aquellos reinos, en cuanto a hermana legítima y universal heredera del fallecido Enrique IV.

Tras otras varias ceremonias del protocolo, los reyes de armas dieron el grito de *¡Castilla, por la muy alta reina, nuestra señora doña Isabel y por el muy alto y poderoso príncipe, rey y señor nuestro, don Fernando, su legítimo marido!* Doblaron todas las campanas de la ciudad, tronó la artillería del Alcázar y aclamó el pueblo a la nueva reina, que después de recibir el homenaje de sus súbditos, entró en la iglesia, oró brevemente ante el altar mayor y ofrendó a Dios el pendón morado de Castilla.

Habráse notado, sin duda, la ausencia de Fernando en el solemne acto. Aún tardaría dieciocho días en llegar a Segovia. ¿Fue necesidad ineludible, a causa de sus perentorias obligaciones en Aragón? ¿Fue falta premeditada? ¿Buscó de propósito no estar presente o lo lamentó? Intentaremos averiguarlo.

En todo caso y sin su marido al lado, Isabel comenzaba oficialmente a reinar.

CAPÍTULO CUARTO

Sobre los primeros problemas conyugales de los reyes; el «Tanto monta», el yugo, las flechas y el águila; la elección de confesor por doña Isabel; la triste guerra con Portugal; la integración de los nobles en la Corona y el nacimiento del príncipe heredero

A partir de la proclamación de Isabel como reina de Castilla y hasta la llegada de su marido a Segovia, para jurar a su vez como rey, la mayoría de villas y ciudades alzaron el nuevo pendón de la soberana, reconociendo su legitimidad. Es curioso que en ninguna parte hubiera el menor intento por recibir como sucesora a Juana, la llamada *Beltraneja*. Ni siquiera en Madrid y Plasencia, donde más arraigo tenían sus partidarios. Sin duda la fulminante rapidez de la nueva reina en ejecutar su jura resultó definitiva para allanar dificultades en algunos lugares que pudieron haber sido conflictivos, confirmando con ello la eficacia de la política de hechos consumados.

También durante ese interregno, se concentra en Segovia la parte más representativa de la nobleza: los Álvarez de Toledo, los duques de Alba, los Enríquez, los condes de Benavente, la casa de Velasco, los Pimentel. A todos convence el cardenal don Pedro González de Mendoza, con su indiscutible personalidad, de que es llegada la hora de restaurar la autoridad de la Corona, frenando el proceso desintegrador de Castilla, si bien sin perjudicar por ello la legitimidad de las concesiones nobiliarias. En consecuencia, todos estos grandes firman el 24 de diciembre de 1474 un pacto de defensa y ayuda mutua en sus posesiones, señoríos y rentas, así como de incondicional apoyo a la reina Isabel; para Luis Suárez, tales decisiones tuvieron el valor de un golpe de Estado. Definitivamente, el cardenal Mendoza desplazaba al arzobispo Carrillo en la predilección regia.

Varían las versiones acerca de la ubicación de don Fernando cuando se produce la muerte de Enrique IV y la subsiguiente y rapidísima jura de Isabel como sucesora. Si bien W. T. Walsh lo sitúa en Perpiñán, historiadores más rigurosos coinciden en que aquel 13 de diciembre se hallaba en Zaragoza. De ser así, no deja de resultar extraña su tardanza en llegar a Segovia, por mucho que el crudo invierno castellano dejara cubiertos de nieve los caminos. ¿Y cuáles serían las causas? Pudo existir cierto recelo en el príncipe aragonés ante su marginación en el protocolo de la jura de su esposa; tampoco debió agradarle el conocimiento de los acuerdos tomados por los nobles castellanos, en su concordia segoviana. Que algún chispazo de desconfianza saltaría, parece evidente por la carta del jurisperito Alfonso de la Cavallería a Juan II, de 24 de diciembre, en la que suplica al rey de Aragón que intervenga cerca de Isabel y Fernando, *enamorándolos de la unión y concordia dellos... reprobando la discordia y diferencias y los danyos inconvenientes que desto les podría seguir.*

Evidentemente, la postura aragonesa ante el hecho de la sucesión, estaba influida por la vigencia de las leyes de aquel reino, según las cuales, las hembras carecían de capacidad para reinar. Aunque semejante cuestión había sido ya tratada y resuelta en las capitulaciones de Cervera de 1469, no faltaban ahora quienes cuestionaban su legalidad. Por otra parte, existía en Castilla cierta prevención con los infantes aragoneses, pues muchos nobles detentaban tierras que en otros tiempos les habían pertenecido a ellos. Detalles como el de que, en el acto de la proclamación de Isabel, le precediera un caballero con la espada real desenvainada, eran presentados por los fernandinos como intromisión en derechos que solamente pertenecían a su príncipe.

Tras agotador camino, con paradas en Calatayud, Almazán, El Burgo de Osma, Aranda y Sepúlveda, Fernando llegó a Turégano el 31 de diciembre. Su comitiva había ido engrosando a lo largo del trayecto, hasta hacerse muy numerosa. En la villa castellana le esperaban grandes y nobles, enviados por la reina, que se apresuraron a besarle la mano, en señal de sumisión. Asimismo le transmitieron el ruego de su esposa de que aguardase dos días, para dar tiempo a la preparación del protocolo de su entrada en Segovia.

Tuvo ésta lugar el 2 de enero de 1475 y estuvo revestida de especial solemnidad. Le acompañaban el cardenal Mendoza y el arzobispo Carrillo, que por una vez dieron de lado sus diferencias para unirse en el trascendental acto, así como los más descollantes grandes del reino. A la luz de las antorchas —era caída la tarde, en el gélido invierno de Castilla—, llegó Fernando a la puerta de San Martín, donde se despojó del jubón de luto que llevaba, para mostrar un rico vestido bordado en oro, con adornos de martas. Después, ya en la catedral, prestó juramento. Y se trasladó, con la comitiva, hasta el Alcázar, donde la reina le esperaba en el primer patio. Una cena de gala, con todos los invitados, cerró los actos.

Hay que suponer que, al retirarse los reyes a sus habitaciones, el comienzo de su conversación, primera que celebraban en privado después de muchas semanas cargadas de decisivos acontecimientos, no estaría falta de tensiones. Pero, si seguimos la narración de Hernando del Pulgar, Isabel aclaró pronto la situación. *No fuera necesario mover esta materia* —afirma que dijo a su esposo— *porque do hay la conformidad que, por la gracia de Dios, entre vos a mi es, ninguna diferencia pueda haber.* Aparte la retórica —o quizá, la bienintencionada leyenda—, lo cierto es que se produjeron desavenencias en el matrimonio, que duraron hasta mediados de enero. Fueron finalmente resueltas, al establecer Mendoza y Carrillo, como representantes de ambas partes, una concordia en la que se fijaban con toda claridad las respectivas competencias de los monarcas. La auténtica buena disposición de Isabel respecto a su marido, sin la menor reticencia, se manifestó poco después, el 28 de abril, cuando le otorgó amplísimos poderes, en ocasión de la guerra con Portugal, que no sólo excedían, sino que incluso contradecían el ámbito de las jurisdicciones establecidas en los acuerdos de enero.

De aquella pronta compenetración entre los soberanos, respecto a los problemas de Estado, nace el mito falsamente interpretativo del lema *Tanto monta, monta tanto,* divisa personal del rey, a la que después se agregó alegremente *Isabel como Fernando,* completando un ripio ampliamente difundido. Sin embargo, la verdad es que el *Tanto monta* se refería a un nudo o lazada, que lo mismo puede desatarse, que cortarse de un tajo: clara alusión al *nudo gordiano* que cortara Alejandro Magno. Sí que tiene realidad, en cambio, el simbolismo de la Y, inicial de Ysabel, coincidente con la primera letra de *yugo,* símbolo de Fernando: lo mismo que la inicial de éste coincidía con la F de las *flechas*, emblema de aquélla.

* * *

Superados, pues, los malentendidos entre los monarcas, comienzan éstos su tarea de reorganización del reino, en los aspectos que podríamos considerar administrativos. Con especial empeño se ocupan de restablecer la seguridad ciudadana, tan deteriorada por los largos años de anarquía y para ello cursan instrucciones muy severas a los jueces y oficiales de justicia. Isabel, que se ha reservado entre sus competencias la de administrar las rentas del reino, nombra nuevos contadores. Se refuerza el Consejo Real, al que acceden seleccionados especialistas, que asesorarán a los reyes en todas las materias y una inteligente política de recompensas estabiliza, sin merma de la autoridad de la Corona, la situación de la nobleza, decididamente integrada ya en ella.

Claro está que los problemas entre Isabel y Fernando no iban a deberse, tan sólo, a sus discrepancias en lo tocante a los negocios de Estado; que ésas ya vemos cuán fácilmente las resolvieron. Como marido y mujer, tendrían los mismos altercados que tantos otros matrimonios, en los que la virtud de la esposa no encuentra la merecida correspondencia en su cónyuge. Fernando era sensible a los encantos femeninos y fogoso en lo sexual. Supo Isabel que, en el año de su boda, le había nacido un hijo natural; pero lo disculpó, pensando que en lo sucesivo, su conducta cambiaría.

No fue así; que muchas ausencias físicas iban a producirse, por exigencias de la gobernación del reino y muchas, también, serían las tentaciones que acosaran al joven monarca, bien dispuesto, por otra parte, para aceptarlas. Han llegado a contarse tremendas historias de celos, incluso con bofetones de la reina a Fernando y subsiguientes y arrebatadas protestas de amor por parte de éste, que terminaban, como suele ocurrir en todas las casas decentes, en un incremento de la mutua pasión. Ninguna de semejantes situaciones puede acreditarse fehacientemente; aunque sí constan, por supuesto, las hijas naturales que fue teniendo Fernando. Pero, a diferencia de lo sucedido con anteriores y posteriores monarcas, sus galanteos solía llevarlos con cierta discreción y, evidentemente, sin mengua del sincero cariño que sentía por Isabel; la cual en todo momento fue un ejemplo de esposa fiel y virtuosísima.

Por algo había recibido, como sabemos, una esmerada educación religiosa. De ahí que una de sus primeras preocupaciones, una vez sentada en el trono, fuera recabar la asistencia espiritual de un confesor. En una de sus espléndidas intuiciones, eligió para el difícil puesto al monje jerónimo fray Hernando de Talavera, prior a la sazón del monasterio de Santa María del Prado, sito en las afueras de Valladolid, anterior catedrático de Filosofía Moral de la Universidad de Salamanca y esmerado pendolista. Tuvo noticia la reina del sermón que había predicado a sus frailes sobre el espíritu de renovación interior y exterior del alma y le pidió que se lo escribiera, amoldándolo a las necesidades de su espíritu.

Tan satisfecha quedó al conocer las profundas meditaciones de fray Hernando, que siendo ya su confesor, solicitóle de nuevo otro tratado de mística, esta vez acerca de san Juan Evangelista, santo de la especial devoción de Isabel. Por tal motivo adoptó en su heráldica el conocido escudo, amparado por las alas extendidas del águila de san Juan en la visión de Ezequiel; no *águila imperial*, según erróneamente se dijo y se escribió tantas veces, al haberse restaurado como emblema oficial del Estado español entre 1937 y 1976.

Pero la razón definitiva por la que la reina decidió entregar su tutela espiritual al monje jerónimo, fue la reacción de éste la primera vez que la oyó en confesión. Era vieja costumbre que los príncipes y los reyes, cuando acudían al sacramento de la penitencia, hincaran en tierra las rodillas, haciendo lo propio el religioso que los confesaba. Sorprendió a Isabel, por tanto, que fray Hernando la recibiera sentado en el confesonario.

—Entrambos hemos de estar de rodillas —indicó la soberana al monje.

—No, señora —respondió él, muy firme—, sino que yo he de estar sentado y Vuestra Alteza, de rodillas, porque es el tribunal de Dios y hago yo sus veces.

Y sigue diciendo fray José de Sigüenza, que en el siglo XVI recogió la anécdota de la tradición oral de la Orden de los Jerónimos y la dejó por escrito en la historia de la misma, que la reina calló y aceptó la postura de fray Hernando y comentó después a sus allegados:

—Éste es el confesor que yo buscaba.

A partir de aquel momento, la influencia de fray Hernando fue muy grande y sus consejos decidieron muchas veces la actitud de la reina, incluso en espinosas cuestiones de gobierno. Nunca se separó de él y los *Memoriales* que el monje le remitía con frecuencia, eran rigurosamente atendidos por Isabel. Hasta le fijó el horario semanal de trabajo para despachar los asuntos de la gobernación del reino, que comenzaban el lunes, precisamente oyendo a fray Hernando; martes, consultas del Consejo; miércoles, las del contador mayor; jueves, los memoriales; viernes, las fiscales. Dedicando una hora para la firma, los martes, jueves y sábados.

Como no podía dejar de ocurrir, las ligerezas del rey motivaron más de una admonición del monje; que en una de sus cartas, le pedía que fuera *mucho más entero en el amor y acatamiento que a la excelente y muy digna compañera es debido, y que tuviese especialmente, mucho más humilde de dentro el corazón y el pensamiento*, además de darle también consejos en lo tocante a su actividad política, tales como la clemencia con los delincuentes, la benignidad y gratitud con los servidores y criados, especial solicitud en la ejecución de la justicia civil y criminal y *estar muy medido en todos los juegos y pasatiempos*.

En sus primeros años de confesor real, no aceptó fray Hernando ningún cargo público e incluso se resistió tenazmente a ser nombrado obispo de Ávila, como había solicitado Isabel del papa Sixto IV. Austero, con una preparación cultural superior a la normal entre los religiosos de la época, sumamente místico, discreto en todo momento, el monje jerónimo resultaría decisivo en el reinado de Isabel, de quien fue primero confesor y después consejero durante veintinueve años.

* * *

El 3 de abril de 1475, Valladolid se convirtió en el escenario de una brillante fiesta de armas, la más espléndida que se recordaba desde muchos años atrás. Llenaron las gentes las calles para presenciar el paso de los nobles y, sobre todo, el de los reyes, aclamados por la muchedumbre. Iba doña Isabel montada en una hacanea blanca y la rodeaban catorce damas de su corte; la guarnición del animal era de plata y oro; al llegar a la plaza Mayor, la soberana ocupó el estrado presidencial, mientras su esposo se reunía con los nobles que iban a participar en el torneo, en el que don Fernando también tomaría parte.

En efecto; el joven rey, vestido de seda y oro, rompió lanzas con acierto. Extrañó a todos que luciera una enigmática divisa: *Como yunque sufro y callo, por el tiempo en que me hallo.* Brilló en el festejo la elegancia en justar de que hicieron gala los condes de Benavente y de Salinas y los duques de Alba y de Alburquerque; aunque el gran triunfador fue don Beltrán de la Cueva, para quien los años no pasaban, que rompió más lanzas que nadie y ganó la prez.

El singular torneo tenía, sin embargo, un dramático trasfondo: con él se trataba de distraer al pueblo, alejándole de la inquietud que comenzaba a dominarle, ante las preocupantes noticias que llegaban desde Portugal. (Bueno será abrir aquí un paréntesis, para poner de relieve cómo, en todos los tiempos, los gobernantes han usado de las fiestas y los juegos como estupefaciente de la masa.) Desde dos meses antes, conocían Isabel y Fernando que Alfonso V de Portugal había enviado misivas a varios nobles castellanos, incitándoles a la rebelión y comunicándoles su decisión de casar con *la Beltraneja,* para coronarse después rey de Castilla. Oficialmente lo notificó incluso a los monarcas, por mediación del emisario Ruy de Sosa y constaba que la princesa Juana se hallaba ya en Trujillo, acompañada por el marqués de Villena, a la espera de acontecimientos.

Previniendo lo inevitable había ordenado Fernando en marzo una movilización general de caballeros, infantes y marinos, ofreciendo el perdón a los condenados por delitos cometidos durante la guerra que se alistaran e incluso sustituyendo la pena de destierro por la del ingreso en las filas del ejército real, excepto en los casos de reos de asesinato. Prohibió asimismo el envío de armas o dinero a Portugal y suspendió las Cortes que había convocado para que ratificaran el juramento de los reyes.

Demostró entonces Isabel sus firmes deseos de mantener la paz, en una afanosa labor diplomática desarrollada en la primavera de este año, que incluyó el intento de restablecer la armonía con el arzobispo Carrillo. Para ello no dudó en viajar hasta las tierras del primado y desde Guadalajara le envió aviso de que deseaba, tan sólo, tener el placer de comer en su compañía. Pero don Alfonso, que consideraba que la reina le había tratado *como a un capellán,* hizo saber al emisario que si ella entraba por una puerta, saldría él por la otra. Encajó Isabel serenamente el desaire y decidió entonces visitar Toledo, centro de poder del arzobispo; la clamorosa acogida que le dispensó la ciudad supuso un implícito rechazo de aquél, a la vez que una satisfacción moral para la soberana.

Por su parte, Fernando procuraba asegurar la paz con Francia; firmó también una tregua con los moros de Granada, para tranquilizar así su retaguardia. Reclutó en Vizcaya soldados, tan entusiastas como inexpertos y poco disciplinados; y consciente de la inferioridad de su ejército frente al portugués, planeó una defensa elástica en la frontera, manteniendo determinados enclaves como amenaza para el enemigo —tales como Badajoz y Ciudad Rodrigo, que conquistó tras duro combate—, en la certeza de que detener frontalmente la invasión iba a resultarle imposible.

El 10 de mayo, las tropas de Alfonso V atravesaban la frontera, con un contingente de tres mil caballeros, diez mil infantes y seiscientas lanzas de flanqueo. Al llegar a Plasencia, se anunciaron públicamente los esponsales del rey portugués con la princesa Juana y, con el protocolo de costumbre, fueron ambos proclamados reyes de Castilla. Don Fernando entraba en Salamanca a finales de mayo, para asegurar la ciudad en su favor y al mes siguiente, su enemigo tomaba Arévalo, donde, absurdamente, concedía un descanso a sus tropas que resultaría muy beneficioso para los monarcas castellanos.

Isabel iba a dar muestras, a lo largo de la guerra, tanto de su talento negociador, como de su incansable actividad. Pese a encontrarse encinta, cabalgó sin parar de un lado para otro, buscando ayudas entre los nobles, levantando entusiasmos en el pueblo y consiguiendo dinero a todo trance. Pues el mayor problema con que tropezaban los reyes de Castilla era la exhausta economía de la Corona. El cardenal Mendoza les autorizó a tomar en préstamo la plata de las iglesias, y fundirla; con ello aliviaron la difícil situación de sus arcas. Pero la guerra se presentía larga y su desenlace nada claro, a pesar de que en su avance, los portugueses no consiguieron ninguna adhesión favorable a la causa de *la Beltraneja*, no obstante el largo manifiesto que la princesa había difundido en Plasencia, en el que intentaba justificar con débiles argumentos la razón legal de sus aspiraciones al trono castellano.

La especial configuración de las ciudades en la época, hacía posible que estuvieran ocupadas por uno de los bandos contendientes, mientras el castillo que en casi todas solía levantarse en su parte alta, resistía tenazmente en favor del contrario. La solidez de los muros, el grosor de las enormes puertas, las reforzadas almenas, los amplios fosos y los puentes voladizos de tales fortalezas, constituían obstáculos muy difíciles de superar para los asaltantes, que únicamente podían confiar en que el hambre y las privaciones hicieran mella en los defensores; pues las balas de las espingardas y aun de los falconetes, morteros y bombardas —y no se diga las saetas de las ballestas— sólo con mucha lentitud afectaban la recia mampostería de los castillos.

Así ocurrió en Burgos, donde el adelantado mayor del reino, Pedro López de Padilla, se había rebelado en favor de Juana y mantenía heroica resistencia en la fortaleza contra las tropas isabelinas que la sitiaban; lo mismo que en Toro (aunque allí, en contrario sentido), la ciudad era de los partidarios del portugués y de *la Beltraneja*, mientras los encerrados defendían la causa de Isabel y Fernando. Mandaba esta guarnición leal una mujer: la esposa de don Rodrigo de Ulloa.

Con gran esfuerzo había reunido el rey de Castilla un ejército de ocho mil caballeros, aunque mal encubertados, treinta mil peones y cuatro mil hombres de armas. Pronto se demostraría que los únicos verdaderamente eficaces en el combate iban a ser los integrantes de las mesnadas de los nobles, expertos en la lucha y bien armados, cualidades que faltaban en el resto de la tropa. Pese a que alguno de aquellos señores acudía al campo de batalla curiosamente trajeado e incluso llevando su caballo con la gualdrapa revestida de plata y de joyas: era un modo romántico de entender la guerra.

Por la misma razón, el joven don Fernando, al que la pérdida de territorios había afectado muy sensiblemente, envió a Toro al poeta Gómez Manrique, portando un reto para Alfonso V, a quien desafiaba en combate personal, cuyo desenlace acatarían ambos bandos como juicio de Dios. Contestó el monarca portugués aceptando, pero a condición de que Isabel y Juana se constituyeran en rehenes, que serían entregados al vencedor, lo que no consintió el rey de Castilla. Siguió por tanto la lucha y replegáronse las tropas castellanas, con gran desconcierto de los bisoños soldados vascos y asturianos, que incluso llegaron a sublevarse, creyéndose traicionados por sus jefes. Tuvo que aquietarles el propio rey, que montado a caballo paseó entre sus hombres, devolviéndoles la confianza.

Llamó Fernando a su lado a su esposa, que se encontraba en Toledo y nuevamente se puso la reina en camino; pero agotada por el mucho trajín, sufrió un aborto en la villa de Cebreros, teniendo que guardar reposo durante tres semanas en Ávila. Se había incorporado al ejército de Castilla el duque de Alba con sus hombres, las mejores lanzas de todo el reino, al propio tiempo que el arzobispo Carrillo, antaño brazo derecho de Isabel, se pasaba a su enemigo con quinientas lanzas, e incluso combatía en la primera línea, revestido de coraza sobre las ropas talares. Bien es verdad que lo mismo hizo, en el bando contrario, el cardenal don Pedro de Mendoza: los prelados de la Edad Media no se contentaban, ciertamente, con exhortaciones teóricas a la lucha por sus ideales.

Hasta el otoño, el signo de la guerra resulta desfavorable para Isabel y Fernando. Incluso temen la deserción de algunos de los nobles que les apoyan; pero incomprensiblemente, Alfonso V no explotó la debilidad castellana y retiróse de nuevo a Arévalo, concediendo otro respiro a su adversario. Bien lo aprovechó don Fernando, que con la experiencia adquirida, reorganizó su ejército, incorporando a un italiano, Micer Zacarías, como maestre mayor de artillería, cargo inédito hasta entonces, cuya provisión denotaba el talento militar del rey, que había comprendido la importancia de tal arma, así como la necesidad de disponer de una caballería con capacidad de maniobra y bien pertrechada. En Calatrava y en Extremadura, las acciones bélicas fueron favorables a los isabelinos y sorprendentemente —gracias a una astuta maniobra de Isabel, que prometió librar a los ciudadanos de las villas de Villena de la dependencia del marqués—, la capital del señorío se rebeló más adelante contra su dueño, pasándose al bando de Castilla.

Cruenta fue la batalla de Baltanás, donde el conde de Benavente resistió con heroicidad los ataques de fuerzas portuguesas muy superiores en número, hasta que fue apresado. Isabel se había trasladado a Palencia, desde donde acudiría a visitar Baltanás, abandonada ya por el enemigo después de su conquista; ante el lamentable estado en que se encontraba la villa, dispuso que durante dos años se suspendiera el cobro de impuestos y otros beneficios fiscales, medida que —naturalmente— entusiasmó a los ciudadanos. Poco después, el obispo Fonseca conquistaba para Castilla Martín Muñoz de las Posadas, pueblo cercano a Arévalo, donde seguía residiendo Alfonso V.

A finales de noviembre, los ejércitos de Isabel y Fernando recibieron el refuerzo de tropas traídas desde Aragón por su hermano el príncipe Alfonso. Se apuró con ello el cerco del castillo de Burgos, al tiempo que la reina volvía a probar su sagacidad, conviniendo con el alcaide de la torre de Zamora, Francisco Valdés, la entrega de esta plaza. Hízose creer que el rey estaba enfermo, mientras salía de Burgos secretamente para sellar el acuerdo; supo Alfonso V lo sucedido y envió tropas contra el alcaide, que recluido en el puente de la torre, gritaba la adhesión de sus soldados a la causa castellana. La feroz resistencia de Valdés y la cercanía de la caballería de Fernando aconsejaron al mariscal Alfonso de Valencia, que mandaba a los portugueses, refugiarse en la catedral; don Fernando entró en la ciudad el 5 de diciembre.

Casi al mismo tiempo, los juanistas encerrados en el castillo de Burgos, socavado por las minas y con los muros ya muy batidos por la artillería, se rendían a los sitiadores. Isabel en persona acudió desde Valladolid para presenciar la entrega de la fortaleza, sin que le arredrara la tempestad de agua y nieve que tuvo que soportar por el camino. Dicen que la reina, en estas ocasiones, vestía armadura y llevaba al cinto espada, componiendo una estampa llena de marcialidad.

* * *

Por la reseca Tierra de Campos cabalga la reina, seguida por su escolta: no más de setenta lanzas. Con Isabel, sus damas, doña Beatriz, doña Mencía y doña Leonor y otras cuatro servidoras. En un carro, tirado por dos mulas, van las tiendas de campaña, que por las noches y en los altos cobijarán a las mujeres. Otro carro lleva dos barricas de pólvora y dos cántaras de agua, reservadas para la soberana. La comitiva avanza silenciosa; vence el mediodía, en el frío otoño castellano. Todos están cansados, que mucho camino llevan recorrido: desde que amaneció, va ya para seis horas. También las bestias, cuyo trotar se ha hecho cansino y torpe, acusan la fatiga.

Quizá por eso, el caballo de la reina tropieza y se asusta y se encabrita y descabalga a la señora. Cae Isabel al suelo; sobre un montón de estiércol, precisamente. Acuden presurosos caballeros, damas y soldados; por fortuna, no hay herida, ni siquiera rasguño: sólo suciedad. Tranquila, la reina se levanta; una de sus dueñas, de rodillas, comprueba la porquería en la falda y en una media; también en uno de los zapatos. Remanga el traje la soberana y no puede impedir un gesto de asco.

—Agua. He de menester agua —dice a doña Beatriz.

La llanura, árida, sin un árbol donde cobijarse, sin un desmonte, sin un arroyuelo; o por mejor decir, sin un arroyuelo con mínimo caudal; que algunos, secos, pedregosos, sí la cruzan.

—Agua y un aguamanil —reitera.

Se descalza; se saca la media; desnuda la falda y la deja caer al suelo. Lleva varias más por debajo; caballeros y soldados, sin embargo, se retiran con discreción, tras inclinar sus cabezas. Doña Beatriz llega con la cántara; entonces, la reina se arrodilla. Y sobre unas piedras, lava la ropa, con sus manos delicadas: la media, la falda, después el zapato. Remangados los brazos, frota las prendas con energía; varias veces hay que cambiar el agua. Después, todas quedan al sol de Castilla, secándose.

Sus damas hacen tertulia a Isabel; hablan en voz baja, y en ocasiones ríen con mesura. Aprovechan los lanceros de la escolta el alto para descabalgar; los caballeros, todavía a distancia, comentan admirados la noble humildad de la reina. El fraile —nunca falta un fraile en los viajes— bebe a hurtadillas el vino de su bota. Y al rato, otra vez en marcha: que el rey aguarda en los campos de Zamora.

(Quizá esta escena nunca se vivió. Pero la creó — o la recreó— Eugenio D'Ors, y por su belleza merecía ser recogida. Deduce *Xenius* de la esmerada limpieza de Isabel, de su profunda repugnancia a todo lo sucio —así físico como moral— que la leyenda, nunca confirmada, de su promesa de no cambiar de camisa hasta que Granada fuera tomada —que justificaría llamarla *camisa vieja*— sólo es aceptable como prueba de inmenso sacrificio, de una extrema voluntad de mortificación, acorde con los más constantes estilos de la ascética.)

* * *

La guerra se decidiría, finalmente, entre Toro y Zamora. Allí se encontraron, el 17 de febrero, la práctica totalidad de ambos ejércitos. Durante dos semanas, Alfonso V tuvo en asedio Zamora, aunque sin decidirse a atacarla. Con la llegada de refuerzos para ambos bandos, hubo un momento en que los dos reyes llegaron a encontrarse entre dos fuegos. Replegóse por fin el portugués hacia Toro y Fernando decidió plantear batalla en campo abierto, en las llanuras cercanas a la villa. Atacó primero el príncipe don Juan de Portugal, con enorme ímpetu, y volvieron grupas, ante la violenta ofensiva, los jinetes castellanos. Entonces el cardenal Mendoza arremetió contra el portugués, mientras gritaba: *¡Traidores, aquí está el* *cardenal!* También el rey don Fernando encorajinó a sus hombres, al acometer al enemigo, lanza en ristre.

Fue un combate terrible, con rasgos de heroísmo por ambas partes. El alférez Duarte de Almeida, abanderado de las tropas portuguesas, perdió los dos brazos, manteniendo entonces el pendón con los dientes, hasta que murió. Al anochecer, una tormenta de agua hizo más estremecedor el cuadro, cuando ya la victoria se había decantado en favor de los castellanos. Muchos soldados portugueses murieron ahogados, al intentar pasar el río. De hecho terminaba allí la guerra, aunque durante varios años todavía se produjeron escaramuzas fronterizas y combates aislados.

Los reyes de Castilla, y de manera singular la reina Isabel, demostraron amplia generosidad con los vencidos. No se tomó represalia alguna contra los nobles que habían defendido la causa de Alfonso V y *la Beltraneja*, sino que incluso firmaron con ellos acuerdos muy magnánimos. El perdón general alcanzó al arzobispo de Toledo, que se había rendido meses después de la derrota de Toro. A pesar de su traición, los reyes prometían olvidar lo pasado y proteger a sus hijos y familiares, restituyéndoles sus posesiones; por su parte, Carrillo prestaba obediencia a los monarcas castellanos y se obligaba a servirles fielmente, abandonando al rey de Portugal. Debía, además, jurar por heredera a Isabel.

Y sin embargo, el arzobispo traicionaría de nuevo a quienes tan generosamente se portaban con él.

* * *

Del pleno asentamiento de la autoridad de los reyes de Castilla y de la limpieza de las posiciones rebeldes aisladas que aún quedaban en ella, se ocupó personalmente Isabel, ya que Fernando tuvo que marchar una vez más en ayuda de su padre, acosado por el ejército francés de Luis XI en Fuenterrabía. La reina, desplegando con habilidad un juego al tiempo de diplomacia y de guerra, se dedicó a ir conquistando fortalezas y plazas enemigas, a la vez que obtenía la sumisión pacífica de los nobles hasta entonces más contrarios a su causa. Naturalmente, para ello dispensó por igual mercedes y perdones y con su gran sentido para las componendas y los pactos (hoy no hubiese tenido igual en los consensos políticos) incluso consiguió atraerse a la casa de Stúñiga, tan firmemente vinculada al rey de Portugal. Los puntos de fricción en el acuerdo, la propiedad del castillo de Burgos y de la ciudad de Arévalo, que la reina deseaba adquirir a toda costa para la Corona, se resolvieron mediante pingües indemnizaciones... y la anterior advertencia de que, si no se aceptaba la fórmula compensatoria, se tomarían por la fuerza.

Por la fuerza de las armas fueron cayendo, al propio tiempo, Atienza, Caracena, Uclés, toda la comarca sur del Tajo y finalmente, Madrid, ocupado en febrero de 1476 por el duque del Infantado, sin apenas lucha. Con ello se daba un golpe mortal al poderío de los Villena, el otrora omnímodo clan de los Pacheco, que naturalmente se dispusieron en seguida a negociar con Isabel. La magnanimidad de ésta fue también grande: perdonó los delitos cometidos por sus seguidores durante la guerra y reconoció a Diego la posesión del marquesado de Villena, aunque numerosas villas de su señorío se incorporaron a la Corona.

La ciudad de Toro, en cuyas llanuras se había librado la decisiva batalla, todavía estaba en poder de la gente de Alfonso V; en octubre fue tomada por las armas y la misma suerte corrieron a continuación Castroñudo, Siete Iglesias y Cubillas. La muerte, el 11 de noviembre, del fiel aliado conde de Paredes, maestre de Santiago y la preocupación por las repercusiones que pudiera tener en la nobleza, aconsejaron a los reyes gestionar que la Orden fuera reformada y su administración concedida a don Fernando, para lo cual enviaron a Italia a Antonio de Sesé. La reina, además, decidió marchar a la tierra de los Maestrazgos, para afrontar allí directamente este problema sucesorio.

El 6 de diciembre, y en compañía de un corto séquito, Isabel salió de Toro, atravesando el puerto de Guadarrama, nevado, por El Espinar y haciendo parte del camino de noche, con la ayuda de hachones encendidos. Tomó al paso Ocaña y ya en Uclés se reunió con el Consejo de la Orden de Santiago, manteniendo con él largas deliberaciones; al final, aceptaron los maestrantes que don Fernando recibiera la administración de la Orden, si bien a resultas de la decisión definitiva del Pontífice. Salió para Roma el secretario de confianza del rey, Francisco de Noya, para reforzar las gestiones con el Papa. Pero la postura de Su Santidad era contraria a las pretensiones de los reyes castellanos, pues deseaba entregar el maestrazgo de Santiago a Nicolás Franco, legado suyo en Portugal. (Observemos las curiosidades de la Historia: casi cinco siglos más tarde, otro Nicolás Franco sería también embajador en Lisboa.)

Alfonso V quiso por entonces apurar sus últimas posibilidades y embarcó en Oporto hacia Francia, para intentar convencer a Luis XI de que se aliara con él en la guerra contra los reyes castellanos. Pero como el propio monarca portugués reconocería más tarde, el soberano francés solamente le dio *buenas palabras*. Además, se hallaba ya entonces en negociaciones con Isabel y Fernando, que desembocarían en la firma en Bayona, en 1477, de unos acuerdos que suponían de hecho la paz, en forma de largas treguas. De nuevo la sutil diplomacia fernandina conseguía un sonoro triunfo. ¿Será cierto que Maquiavelo tomó su prudente astucia como ejemplo para *El príncipe*? Lo afirma D'Ors. Que describe a Fernando *callado, solitario, político, a solas con la imagen de una España europea, en el interior de su campana de cristal; embalsamado, inmóvil en la forma de una idea. Y el teléfono. No en el aspecto de los modernos auriculares, es claro. Pero en el de las infinitas cartas, notas, avisos, consejos, informes, soplos, delaciones, en el espionaje de mil antenas. Y entrevistas y conferencias secretas, diluidas a través de puertas secretas. Cuando todo el mundo se ha retirado, el verdadero quehacer empieza y cunde.*

* * *

Ciertamente, parece increíble la capacidad de trabajo de los Reyes Católicos y su pasmosa multiplicación. Incluso con óptica actual, sus continuos desplazamientos, sus viajes constantes, aquel coincidir en el tiempo su presencia en batallas, audiencias judiciales, reuniones diplomáticas, actos públicos, firmas de tratados, funciones religiosas y convenciones políticas, siempre de aquí para allá, resulta difícil de entender. Imaginemos el esfuerzo que requirió, con los medios de transporte de la época. Y sin embargo, la verdad es que Fernando e Isabel desarrollaron tan compleja tarea, con inmejorables resultados.

A pesar de que, en estos primeros años de su reinado, sin resolverse aún definitivamente el enfrentamiento con Alfonso V y con los seguidores —cada vez menos, pero siempre incordiantes— de *la Beltraneja* (llamada ya mayormente y con superior generosidad, *la hija del rey Enrique IV*), nunca pudieron estar del todo tranquilos. Cuando menos lo esperaban, surgía una nueva rebelión; así, en julio de 1476, Alfonso de Maldonado, antiguo alcaide del Alcázar de Segovia, asaltó la fortaleza, acuchilló al portero y obligó a la guardia a refugiarse en la torre del homenaje, junto con la infanta Isabel, la hija de los Reyes Católicos, inmediato objetivo de los asaltantes.

Enteróse doña Isabel, que se encontraba en Tordesillas y con la natural angustia salió a caballo hacia la ciudad, acompañada del cardenal Mendoza, el conde de Benavente, su amiga Beatriz de Bobadilla y un escuadrón de jinetes. En poco más de un día llegaron a Segovia, donde se disputaban feroces luchas por las calles, entre los partidarios de uno y otro bando, mientras en la torre del Alcázar, los soldados de la guarnición resistían bravamente, conscientes de la responsabilidad que habían contraído en la tutela de la heredera de la Corona.

Una comisión de ciudadanos adictos al insurrecto salió fuera de las murallas, para pedir a Isabel que entrase únicamente por las puertas de San Martín o de Santiago, pero dejando fuera de Segovia al conde de Benavente y a Beatriz de Bobadilla, mal vistos por las gentes. También le solicitaban que destituyera a Andrés Cabrera de su cargo de administrador de justicia. La reina, cubierto de polvo el manto, fatigado el rostro después de tantas horas de cabalgar, irguióse sobre la montura y respondió con voz enérgica:

—Decid a esos caballeros y ciudadanos de Segovia, que yo soy la reina de Castilla y esta ciudad es mía, pues me la dejó mi padre, el rey, y para entrar en lo mío no son menester leyes ni condiciones. Entraré por la puerta que quisiera y entrará conmigo el conde de Benavente y todos los otros que entendiere que cumplen a mi servicio.

Un denso silencio acogió las palabras de Isabel, que no pudo reprimir una mirada de angustia hacia la torre del Alcázar, donde su hija y quienes la guardaban se encontraban cercados. Todavía remachó su arenga con una orden tajante:

—Decidles asimismo que vengan todos a mí y que hagan lo que yo les diga, como fieles súbditos, dejándose alborotos y escándalos, pues de ellos les puede seguir daño para sus personas y sus bienes.

Espoleó a su blanco caballo y salió al galope, acompañada de su breve escolta, atravesando todos la puerta de San Juan y adentrándose en las calles segovianas, llenas de un populacho exaltado y agresivo, que alzaba amenazadoramente sus hoces, sus horcas y aun cuchillos y espadas. Por vez primera (única también en su reinado), Isabel se enfrentaba con el pueblo. Frenó a la cabalgadura y llevándola ahora al trote, llegó así hasta los muros del Alcázar. El cardenal trataba, inútilmente, de apaciguar a la muchedumbre, que pedía a gritos el asalto a la torre de la fortaleza, donde estaba refugiada la pequeña Isabel. Acercóse Mendoza a la soberana, para aconsejarle que hiciera cerrar la puerta del Alcázar, evitando que siguiera entrando la multitud en el patio; pero ella le respondió de manera sorprendente.

—Todo lo contrario, cardenal. Abrid más puertas y que entren cuantos quieran.

La masa, desbordada, llena el patio. El griterío es ensordecedor; se pide a voces la destitución del alcaide Andrés Cabrera y su expulsión de la ciudad, juntamente con su esposa, Beatriz de Bobadilla. La gente les acusa de abusar de su poder. En el centro de aquella multitud, serena, convencida de su autoridad, la reina mira fríamente a los revoltosos y después, alza el brazo pidiendo silencio:

—Decidme ahora, vasallos y servidores, lo que queréis, porque lo que a vosotros os viene bien, aquello es mi servicio, ya que es bien común de la ciudad.

Se hace un silencio expectante. Por fin, uno de los cabecillas avanza hacia Isabel. Clava la reina su mirada en él, tensa sobre la silla del caballo y, balbuceante, el ciudadano explica:

—Señora, varias son las súplicas que os tenemos que hacer. La primera, que el mayordomo Andrés Cabrera no continúe por más tiempo a cargo del Alcázar... Además...

Corta Isabel:

—Eso que queréis vosotros, quiero yo...

El golpe de efecto resulta irresistible. La muchedumbre vitorea a la reina; huye el jefe de las fuerzas asaltantes ante el cariz que presentan las cosas; toma entonces posesión del Alcázar la reina y puede abrazar a su hija, al fin liberada. Después, se hace acompañar a palacio por los entusiasmados ciudadanos y dialoga cariñosamente con los más representativos, escuchando sus agravios. Mientras, don Gonzalo Chacón se ha hecho cargo de la fortaleza.

Pero al final, Andrés Cabrera quedará restituido en su cargo y en todos sus honores. El presunto populismo de la soberana tiene unas limitaciones bien claras.

* * *

Entre 1477 y 1479 culminará la pacificación total de España, de modo que sólo queda el enclave de Granada, territorio del rey moro Boabdil, pendiente de solución. Fernando elimina los núcleos rebeldes que todavía le hostigan; Isabel viaja a Extremadura por primera vez. Durante dos semanas reside en el monasterio de Guadalupe, perteneciente a la Orden de los Jerónimos, tan vinculada a la reina a través de su confesor. Desde allí ordena al alcaide de Trujillo, Pedro de Baeza, que entregue la fortaleza de la ciudad; pero él se niega, aduciendo que sólo lo hará a su propietario, el marqués de Villena. Avisa entonces la soberana al marqués para que acuda, y ante su demora, le comunica que si no lo hace con presteza, ordenará su destierro. Isabel ha entrado en la ciudad el 19 de mayo; dispone que se le paguen al rebelde alcaide los 40 000 maravedís que le son debidos por los derechos de hierba de Lares —muestra de recto sentido de la justicia— y por fin, el 24 de junio, el marqués de Villena ocupa la fortaleza, de la que la reina toma posesión, en calidad de tercería.

Continuando su labor pacificadora, Isabel permanece unos días en Cáceres, donde resuelve por sorteo las apetencias a los puestos de corregidores de los varios linajes de caballeros, devolviendo el orden a la comarca. En Badajoz, otorgó un perdón general a los vecinos que habían combatido contra sus ejércitos en la reciente guerra con Portugal. Cumplida su tarea, se encaminó hacia Sevilla, en un lento viaje de dos semanas, a lo largo de las cuales recibió homenajes y lisonjas en todas las villas del recorrido. Hizo su entrada en la ciudad el 24 de julio, realizando la última etapa del trayecto por el río Guadalquivir. Era consciente de que tenía que enfrentarse con unas tierras especialmente difíciles, dispersas en numerosas banderías y donde los nobles ejercían tiránicamente sus privilegios.

Sus primeras medidas fueron dirigidas a restablecer el orden público, disponiendo para ello una dura represión para los maleantes y delincuentes que poblaban la comarca. El ejercicio tan enérgico de la ley asombró a los ciudadanos y el obispo de Cádiz trasladó a la reina el gozo que les causaba *el rigor grande que vuestros ministros muestran en la ejecución de vuestra justicia.* Una justicia que la propia reina administraba personalmente, en audiencia pública que celebraba los viernes, sentada bajo un dosel. Sus sentencias eran justas, aunque especialmente duras. Tanto, que atemorizada la población, bastantes personas abandonaron la ciudad. El mismo obispo de Cádiz, recogiendo el parecer de caballeros y regidores, hubo de solicitar de la soberana la concesión de una amnistía; que fue aceptada, aunque quedando al margen de ella los herejes. Además, todos los bienes robados en tiempos de guerra deberían ser restituidos.

Comenzó también Isabel las negociaciones con los nobles, que tendrían que resultar singularmente espinosas. Dos familias habían alcanzado excesivas cotas de poder y hacían uso abusivo de él: los Guzmán y los Ponce de León. Además, se odiaban entre sí de manera ostensible. En este difícil empeño de imponer la autoridad de la Corona, aunque sin enfrentarse abiertamente con la nobleza, contaría pronto la reina con el apoyo de su marido, que llegó a Sevilla dos meses después que ella, el 13 de septiembre y fue tan calurosamente recibido por el pueblo, que tardó cuatro horas en ir desde la puerta de la Macarena hasta el Alcázar: tal era el gentío que se había reunido para aclamarle. El carisma de los Reyes Católicos —como hoy diríamos— se acreditaba una vez más.

Y ello, a pesar de que las medidas adoptadas por los monarcas para regular en todos sus reinos el mercado triguero, perjudicaban a los andaluces, que habían padecido una mala cosecha. Pero esto no fue óbice para que su popularidad creciera; sin duda por tal motivo, los nobles se plegaron también, con menos dificultades de las previstas, a la real soberanía. Antes de la llegada de Fernando, Enrique de Guzmán, marqués de Medina-Sidonia, ya había concluido una concordia con Isabel. Poco después la firmaría el marqués de Cádiz, que se obligó a devolver a la Corona esa ciudad, la fortaleza de Alcalá de Guadaira y la villa de Constantina. Se consumó el acuerdo a raíz de la visita de los reyes a Jerez, adonde viajaron en dos galeras del rey de Aragón, visitando Sanlúcar de Barrameda y Rota. Nuevamente la habilidad de los jóvenes esposos conseguía sus fines, sin apelar a la violencia y en beneficio de la unidad y la concordia de sus reinos.

Aunque, cuando no cabía otro remedio, sabían también poner en juego toda su fortaleza; así, en el caso del mariscal Arias de Saavedra, señor de Zahara, Tarifa y Utrera, que se negó en redondo a devolver sus posesiones. Acudieron en persona los reyes a Utrera, a la que pusieron cerco con nutrida tropa y bombardearon reiteradamente; pero Saavedra era valeroso y resistió todos los ataques. Ante el peligro de que pudiera aliarse con los cercanos moros de Granada, ordenó Isabel al marqués de Cádiz que resolviera el problema con toda urgencia. Y la ciudad y la fortaleza fueron tomadas al asalto, practicándose una terrible represión: solamente once personas quedaron con vida.

* * *

La guerra con Portugal, aunque había perdido el fragor y la violencia que tuvo tres años antes, continuaba siendo un molesto estorbo para los afanes constructivos de los reyes, ya obsesionados con la idea de concluir la reforma y la unidad de sus reinos. El arzobispo Carrillo sería responsable del recrudecimiento de las hostilidades, al romper sus compromisos con Isabel y Fernando y encizañar de nuevo al siempre torturado Alfonso V. Muy en serio se había tomado el primado de Toledo aquella frase que pronunció en ocasión de su anterior enfrentamiento con la reina: *la saqué de la rueca para llevarla al trono; ahora la devolveré a la rueca.*

Pero la empresa resultaba descabellada; a finales del 78, se presentía ya la total victoria de las armas castellanas. En la primavera de 1479, empezaron los conversaciones de paz, que iban a estar a cargo de dos mujeres: por Castilla, la reina Isabel; por Portugal, su tía, la infanta doña Beatriz, duquesa de Braganza y cuñada del rey Alfonso. Como cabía esperar, las negociaciones, que habían comenzado en Alcántara el 20 de marzo, resultaron complicadas. Un mes más tarde, parecían rotas; en buena parte, por las exigencias de Alfonso V respecto de la princesa Juana. En junio, la que fuera llamada *Beltraneja* anunciaba su decisión de ingresar en un convento; no creyó Isabel en la sinceridad de sus intenciones, exigiendo que deberían señalar desde la Corte castellana el monasterio donde tendría que profesar, así como que quedaría en custodia de doña Beatriz. Continuó dilatándose con todo ello la negociación, hasta que por fin, los apoderados de los reyes de Castilla firmaron en Alcaçobas, el 4 de septiembre de 1479, el tratado de paz, confirmado por la reina, en Trujillo, el 27 del mismo mes. En un largo documento, ambos reinos se comprometían a levantar toda ocupación de territorios ajenos, volviendo a los límites fronterizos existentes a la muerte de Enrique IV. Castilla renunciaba a cualquier derecho sobre las islas Madera, Cabo Verde, las Azores y Guinea y se le adjudicaba a cambio, en plenitud de derechos, el archipiélago canario. Prolijas cláusulas establecían lo referente a las reparaciones por los daños de guerra, libertad de prisioneros, neutralidad en las cuestiones internas de cada reino y regulación de las relaciones comerciales.

Se completaba el tratado de paz con las que llamaron *tercerías de Moura*, en las que se decidió el futuro de la siempre controvertida princesa Juana. A quien Isabel negó de plano el derecho a ser reconocida en Castilla como princesa, *porque eso supondría confesar que era hija de rey y reina.* Defendía la soberana de Castilla en todo momento la vigencia de los acuerdos de las Ventas de los Toros de Guisando, base jurídica de la que no estaba dispuesta a apartarse. Acordóse, finalmente, que Juana quedaría en poder de la infanta Beatriz; que casaría con el príncipe heredero de Castilla, salvo que prefiriese ser monja y que si al llegar a los catorce años de edad, fuera el príncipe quien no quisiera casarse, *la dicha señora doña Juana sería libre para disponer de sí e ir adonde le pluguiera,* en cuyo caso, recibiría una dotación de cien mil doblas de oro castellanas.

Bien; al hilo de tanto acontecimiento, habíamos dejado de registrar que el 30 de junio de 1478, la reina Isabel dio a luz en Sevilla un hijo varón, al que se puso por nombre Juan y no sólo por haberse llamado así sus dos abuelos, sino porque se entendió su nacimiento como un hecho mesiánico: en homenaje, pues, a san Juan Bautista. Grandiosas fiestas populares celebraron el natalicio.

Castilla tenía ya la paz y un príncipe heredero. Los Reyes Católicos podían entregarse por fin de lleno a la organización del Estado, desde unas premisas básicas de modernidad, unidad y centralismo.

CAPÍTULO QUINTO

CUANDO SE RESTABLECE EL ORDEN PÚBLICO, MERCED A LA SANTA HERMANDAD, Y LA REINA ISABEL IMPARTE JUSTICIA Y SE AGILIZAN Y SE SANEAN LOS TRIBUNALES Y, TRAS FRICCIONES CON EL PAPA, SE INSTAURA LA NUEVA INQUISICIÓN

Ya hemos dicho con anterioridad que al subir al trono Isabel y Fernando, la situación del orden público en Castilla era desastrosa. Un cronista de la época, Lucio Marineo Sículo, la describe con tintes aterradores: *Cruelísimos ladrones, homicidas, robadores, sacrílegos, adúlteros y todo género de delincuentes. Nadie podía defender de ellos sus patrimonios, pues ni temían a Dios ni al rey; ni tener seguras sus hijas y mujeres, porque había gran multitud de malos hombres. Algunos de ellos, menospreciando las leyes divinas y humanas, usurpaban todas las justicias. Otros, dados al vientre y al sueño, forzaban notoriamente casadas, vírgenes y monjas y hacían otros excesos carnales. Otros cruelmente salteaban, robaban y mataban a mercaderes, caminantes y hombres que iban a ferias. Otros que tenían mayores fuerzas y mayor locura, ocupaban posesiones de lugares y fortalezas de la Corona real y saliendo de allí con violencia, robaban los campos de los comarcanos; y no solamente los ganados, mas todos los bienes que podían haber. Asimismo cautivaban a muchas personas, las que sus parientes rescataban, no con menos dineros que si las hubiesen cautivado moros u otras gentes bárbaras, enemigas de nuestra santa fe.*

El cuadro no puede resultar más desolador. Notoriamente (y bien que nos consta a los españoles de hoy), frente a semejante terror no cabía —y no cabe— otra solución que restablecer el imperio de la ley, mediante un reforzamiento poderoso de la autoridad. Al tiempo que, en aquellos casos en que los desmanes eran consecuencia de los excesos de las oligarquías nobiliarias, resultaría forzoso pactar con ellas su plena sumisión a la Corona, como único medio para que se les mantuvieran sus prerrogativas. En definitiva, por tanto, medidas enérgicas por un lado, combinadas con las inevitables medidas políticas.

Conscientes de la urgencia en afrontar el pavoroso problema de la inseguridad ciudadana, los reyes, al convocar en abril de 1478 Cortes en Madrigal, incluyeron dos puntos fundamentales entre las cuestiones a debatir: la mala situación económica del reino y el orden público. Para preservar este último, se acordó restablecer la Hermandad General, institución de antigua raigambre en Castilla, que ahora se actualizaba, reestructurando su organización interna, aumentando sus efectivos humanos y, sobre todo, dotándola de generosas subvenciones económicas.

Para ello, obviamente, resultaba necesario incrementar los impuestos; tal fue la principal causa de oposición al proyecto de algunos procuradores del tercer estado. Pero aquél interesaba sobremanera a las ciudades dedicadas a la industria y al comercio de la lana, muy afectadas por el bandidaje, y ellas apoyaron con firmeza su aprobación. Los nobles tampoco veían con agrado el restablecimiento de la Hermandad (que pronto sería llamada Santa), ya que suponía la creación de una fuerza militar que recortaba muchos de sus privilegios jurisdiccionales; pero los reyes estaban absolutamente decididos a ponerla en marcha y así lo hicieron. Hubo, con posterioridad al acuerdo de las Cortes, una larga reunión en Valladolid, en la que destacó el entusiasmo de Alfonso de Quintanilla en la defensa de la institución, bien secundado por el arcipreste de Palenzuela, Juan Ortega: ambos deben ser considerados, por ello, como los grandes valedores del empeño.

Todavía se celebró otra reunión en Cigales, donde Quintanilla impuso definitivamente la constitución de la Hermandad, a la que todas las villas, ciudades y lugares del reino quedaban obligadas a proporcionar tropas de caballería e infantes, en proporción al número de sus vecinos. Ya constituida, celebró su primera junta en Dueñas; allí se dictaron normas precisas para conseguir el puntual cobro de las contribuciones que la sustentarían; poco después, en Burgos, se aprobaba el impuesto sobre toda clase de mercancías, excepto la carne. Como medida contemporizadora, los reyes fijaron a la institución un límite de dos años de duración, hasta 1478, con la promesa de que no se prorrogaría, salvo que hubiera unanimidad en el acuerdo. No hará falta aclarar que las prórrogas fueron muchas; aunque la Santa Hermandad, bien recibida desde un principio en Castilla y León, tardó en imponerse en otras comarcas.

Para desarrollar su labor policial, actuaba en forma de *cuadrillas*, encargadas de la diaria persecución y captura de los delincuentes. Una vez presos, debían ser juzgados en el lugar donde cometieron el delito por alcaldes con la debida jurisdicción; los condenados en rebeldía —en ausencia— tenían derecho a conseguir la revisión del proceso, si se presentaban a las autoridades. La competencia de los cuadrilleros abarcaba los delitos de asalto en camino; robo de muebles o ganado en cualquier lugar con menos de cincuenta vecinos y carente de cerca; muerte; heridas e incendio de casas, viñas y mieses en despoblado. Las ejecuciones de los condenados a pena capital, como autores de los delitos expuestos, se verificaban en campo abierto, mediante disparo de saetas. Pero las leyes de la Hermandad ofrecían, asimismo, otros aspectos singularmente humanitarios: tales como el reconocimiento a los viandantes del derecho a tomar por sí mismos en los lugares por donde pasaran, comida y bebida para las personas y alimento para las bestias, si se les negara. En cuyo caso, debían entregar en manos de algún vecino el importe de lo tomado, según los precios normales del mercado.

Es indudable, sin embargo, que los reyes buscaron, desde un principio, convertir la Santa Hermandad, más que en una policía, en una auténtica tropa militar y así lo consiguieron: en la campaña de Granada actuó como fuerza de choque del ejército. Para entonces, la institución dependía prácticamente de la Corona, en una prueba más de la creciente centralización del Estado y los diputados de su Junta eran de nombramiento real. Según fray Tarcisio de Azcona, en el período 1490-1492 se recaudaron, por el concepto de contribuciones de las ciudades a la Hermandad, treinta millones de maravedís por año. Buena parte de este dinero se destinó a sueldos: el diputado general Juan Ortega cobraba 300 000 maravedís anuales. Los cuadrilleros percibían primas por cada captura de malhechor, que oscilaban entre los mil y cinco mil.

En todo caso, la eficacia de la Santa Hermandad estaba ya para entonces más que acreditada. Gracias a sus servicios —desempeñados, por supuesto, sin demasiados miramientos—, retornó a los reinos el respeto a la justicia.

Modesto Lafuente, en su *Historia general de España,* pone especial énfasis en destacar que el restablecimiento de la tranquilidad pública y del orden social, difícilmente se hubieran conseguido de no haber dado la reina Isabel *tantos y tan ejemplares testimonios de su celo por la rígida administración de la justicia, de su firmeza, de su inflexible carácter, de su severidad en el castigo de los criminales; que, aunque acompañada siempre de la prudencia y la moderación, hubiera podido ser tachada por algunos de dureza, en otros tiempos en que la licencia y la relajación fueran menos generales y no exigieran tanto rigor.* Cita como ejemplos el ilustre historiador algunos casos curiosos, que parecen confirmar sus entusiasmos.

Uno, el de Álvaro Yáñez, poderoso gallego, vecino de Medina del Campo, hombre rico e influyente, que obligó a un escribano a otorgar una escritura falsa, para apropiarse así dolosamente de ciertas heredades; y para encubrir el delito, lo asesinó después, enterrándolo en su misma casa. Preso, juzgado, probados los hechos, fue condenado a muerte; para escapar de ella, ofreció a cambio de la vida cuarenta mil doblas de oro, con destino a la guerra contra los moros, cantidad superior entonces a la renta anual de la Corona. Algunos miembros de la Administración de Justicia eran partidarios de aceptar la oferta, aplicándole el indulto; pero la reina se negó en rotundo, ordenando que se cumpliera la sentencia. Y, aunque según la ley, los bienes del ejecutado tenían que ser confiscados en beneficio de la Cámara real, dispuso también que se entregaran a sus hijos, *para que las gentes no pensasen que, movida por la codicia, había mandado hacer aquella justicia.*

Otro caso revelador de la rectitud de la soberana fue el del hijo del almirante de Castilla, primo hermano del rey, que vejó y agredió en las calles de Valladolid a un caballero castellano. Enterada la reina, montó en su caballo y, aguantando una copiosa lluvia, marchó a Simancas, donde pensaba que se había refugiado el delincuente. No lo encontró, aunque pudo hablar con su padre, importante personalidad del reino, quien le pidió indulgencia en atención a la poca edad —veinte años— de su hijo. Pero precisamente por tratarse de familia tan vinculada a la Corte, tuvo especial empeño Isabel en que se cumpliera la ley con toda su crudeza: el muchacho estuvo preso en el castillo de Arévalo y después fue desterrado a Sicilia, donde permaneció varios años.

Frente a tal rigor, la generosidad en otros casos. Un vecino de Jerez, Fernando de Vara, compuso y divulgó unas coplas al estilo de las de *Mingo Revulgo*, que tanto éxito popular habían tenido durante el reinado de Enrique IV. Eran aquéllas unas composiciones rimadas, de escaso valor literario, pero cargadas de intencionada sátira contra los excesos y los errores de la Corte. Pero en 1479, el contorno social era muy distinto y muy celosa la autoridad en lo tocante a críticas o reproches; así que el osado vate fue procesado, primero, y condenado a muerte, después. En esta ocasión, la reina estimó desmesurada la pena, conmutándola por un año de servicio en galeras, con prohibición de saltar a puerto.

Destaca también Lafuente la costumbre de la reina —que ya narramos— de presidir bajo dosel las vistas de los tribunales, que se celebraban los viernes y donde escuchaba quejas y despachaba agravios, en pública audiencia. A semejante preocupación por la justicia hay que atribuir la sustancial reforma que durante su reinado se introdujo en el funcionamiento de su Administración, así como la atención y respeto prestados a jueces y funcionarios, honrados y favorecidos como nunca lo habían estado. Y la entera renovación de la legislación general del reino, afrontada en las Cortes de Toledo de 1480, donde, superando las leyes y pragmáticas anteriores, se llegó a la unificación legislativa, en las *Ordenanzas Reales u Ordenamiento de Toledo.*

El prestigioso jurista Alfonso Díaz de Montalvo fue el responsable de tan trascendental obra jurídica, con la que se llenó el vacío legal hasta entonces existente, puesto que ni las Partidas, ni el Fuero Real, ni el Ordenamiento de Alcalá constituían ya un código uniforme, válido para la época y que pudiese tener general aplicación. Cuatro años tardó el ilustre jurisconsulto en dar cima a su obra, impresa por primera vez en Zamora en 1485 y que constaba de ocho libros y un prólogo, escritos en castellano arcaico.

Resulta sumamente interesante, en los tiempos que corremos (tan poco afortunados para la administración de justicia), recordar algunos de los principios jurídicos instaurados en las *Ordenanzas Reales*, hace ahora casi justamente cinco siglos. La Audiencia o Chancillería Real continuaba instalada en Valladolid, en el palacio de Juan de Vivero, donde se conocieron Isabel y Fernando; pero se elevaba a once el número de sus miembros, que tendrían que renovarse por mitad cada medio año. Quedaba así reforzada la independencia de este supremo órgano judicial respecto del poder ejecutivo de los reyes. Los cuales mantuvieron, en cambio, sus prerrogativas cerca del Consejo Real o de Castilla, compuesto por diez miembros, seis de ellos letrados, que eran quienes preparaban la mayor parte de las resoluciones de los monarcas. El Consejo tenía que reunirse a diario, en sesión mínima de tres horas y decidía sus acuerdos por unanimidad o mayoría de los dos tercios. Cuando no se alcanzaba, debía elevar los distintos votos, razonados, a los reyes, para que ellos resolvieran. Fue ésta una institución modelo, decisiva durante el reinado de Isabel y Fernando, que juzgaba en última instancia causas criminales y políticas, elaboraba las directrices de la política exterior y entendía en la función de los corregidores.

Aunque, observado con óptica actual, el mayor interés de las *Ordenanzas* se encuentra en la prevención que se hace a los jueces para que impulsen *la mayor actividad en el despacho de los procesos*, dando a los acusados todos los medios necesarios para su defensa; un día por semana debían visitar las cárceles, examinando su estado, el número de presos y el trato que recibían. Se ordenó pagar de los fondos públicos un *defensor de pobres*, que les asistiera en los pleitos, cuando no pudieran costearlos por sí mismos (el actual *turno de oficio*). Y se establecieron rigurosas penas contra los que sostuvieran causas notoriamente injustas (anticipándose asimismo al concepto jurídico de *la temeridad*) y contra los jueces venales, creándose al efecto la institución de los *visitadores* o *veedores* a cuyo cargo corría la inspección de tribunales de todo rango. Forzosamente hay que reconocer, sin embargo, que con el tiempo, semejantes normas legales, tan ejemplares, fueron perdiendo eficacia en algunas comarcas; ya comenzado el siglo XVI, el bachiller Juan de la Cuadra denunciará a la reina, desde Sevilla, que los procesos se prolongan *un año e dos años e para siempre* y que los jueces *están poco tiempo en la sala* y los escribanos *no llevan ordenado el proceso* a las vistas y *cobran uno o dos reales* por ordenarlo. Bien es cierto que tales deficiencias (válidas también en buena parte para nuestro tiempo) se señalaban en solicitud de que la justicia funcionara en Sevilla con tanta eficacia y prontitud como seguía haciéndolo en la Chancillería Real y en el Consejo.

Los últimos capítulos del Ordenamiento de Toledo reformaban los gobiernos municipales; introducían, por tanto, una especie de nuevo régimen de Administración Local. Las ciudades y villas venían siendo gobernadas por pequeñas oligarquías, con tendencia a convertir los cargos en hereditarios; ahora se disponía su amortización, anulándose la herencia. Los corregidores eran la máxima autoridad local, en directa sujeción a la Corona; se les exigió en lo sucesivo la obligación de residencia, prohibiéndoles que el importe de las multas que pudieran imponer, por infracciones de carácter municipal, redundase en su propio beneficio. Y se creó la ya citada figura de los *veedores*, cuya misión consistía en vigilar, además de los tribunales, la labor de los corregidores y alcaides de fortalezas, informando de ello al Consejo Real.

Entre las muchas y muy importantes disposiciones acordadas durante las Cortes de Toledo, merecen destacarse dos que revelan el talante agradecido de Isabel y su evidente generosidad. Don Andrés Cabrera y su esposa, Beatriz de Bobadilla, la fiel amiga de la reina, fueron investidos con el marquesado de Moya y se les dieron 1 200 vasallos. Y se encomendó al siempre ejemplar fray Hernando de Talavera la misión de compensar sus pérdidas a las víctimas inocentes de la pasada guerra civil.

* * *

No cesa la labor diplomática de Fernando, bien auxiliado siempre por su esposa. Hace un viaje por Vizcaya, Álava y Navarra, consecuencia del cual son unos pactos que refuerzan la presencia de Castilla en el Noreste. Se estabilizan las relaciones pacíficas con Francia y el monarca establece contactos, al propio tiempo, con Bretaña, Inglaterra y los Habsburgo, tendentes a reconstruir una gran alianza occidental, que presione definitivamente sobre Luis XI. La Corte, establecida ahora en Madrid, conoce un importante ir y venir de embajadores de las principales potencias europeas, como expreso reconocimiento de la importancia que ya tiene Castilla en la política continental.

Surge, por el contrario, un duro enfrentamiento con el papa Sixto IV. Su causa principal fue la misma que se repetiría —la historia es así— en los últimos años del franquismo: el privilegio de la proposición y nombramiento de obispos, otorgado a la Corona en 1456 por la bula pontificia *Cum tibi Deus*. En virtud de ella, los soberanos —así de Aragón como de Castilla— decidían la provisión de sedes vacantes. La habilidad de Fernando supo aprovechar las constantes tensiones provocadas por este tema, para ganarse las amistad del Pontífice: cuando Juan II chocó frontalmente con Sixto IV, al desautorizar al obispo que éste había nombrado para Segorbe, distinto del propuesto por el rey aragonés, intervino hasta convencer a su padre para que reconsiderara su actitud.

Pero las buenas relaciones entre los reyes castellanos y el Papa iban a durar poco. Las fricciones se reanudaron al conceder el Pontífice la dispensa de parentesco a Alfonso V y la inevitable princesa Juana, para que al fin contrajeran matrimonio. Y sobre todo cuando, al vacar la diócesis de Zaragoza, Juan II propuso como obispo a un nieto suyo, hijo bastardo de Fernando, que tenía entonces cinco años de edad. Sixto IV designó, por el contrario, a monseñor Ausias Despuig, que, aunque aragonés, tenía su residencia en Roma. En esta ocasión, el rey de Castilla hizo causa común con su padre, considerando que el Pontífice actuaba como enemigo de ambos.

Por supuesto que, pese a ello, desplegó al mismo tiempo toda su diplomacia para arreglar pleito tan enojoso. Por mediación del embajador Martínez de Lerma, hizo ver al Papa que mientras Luis XI alentaba un Concilio, con todos los riesgos que ello suponía para la autoridad pontífica, Castilla negociaba con Borgoña, Inglaterra y Bretaña aconsejándoles que se negasen a cooperar con el monarca francés. Además de tan sutil insinuación, Fernando recurrió a medios más vulgares (y sin duda, eficaces) para salir adelante en el empeño de colocar como obispo de Zaragoza a su hijo bastardo Alfonso: ofreció tales beneficios a monseñor Ausias Despuig, que éste renunció a la mitra. El conflicto duró cuatro años; para resolverlo, fue decisiva la intervención del nuncio Nicolás Franco, hábil negociador también. Lo cierto fue que Isabel y Fernando se salieron con la suya: revocó Sixto IV la dispensa a Alfonso V y fue nombrado el bastardo Alfonso, a los nueve años de edad, obispo de Zaragoza; aunque como administrador apostólico, hasta que cumpliera los veinticinco.

Y se mantuvo el derecho regio de presentación en lo tocante a la provisión de sedes vacantes. El empeño que Isabel puso en este asunto tenía una razón fundamentalmente religiosa: conseguir la máxima idoneidad espiritual en los nuevos prelados, terminando así con los vicios del Episcopado, tan frecuentes hasta entonces. Pretendía elegir obispos de máxima honestidad, aspirando incluso a que cumpliesen con el deber del celibato (nada frecuente a la sazón) además de que fueran naturales de sus reinos. Para ello, tenía un libro con la relación de las personas de mayor cultura, honestidad y méritos; y en base a aquellas listas, iba cubriendo tanto los cargos de la Administración, como los referentes a diócesis y dignidades eclesiásticas.

La reconciliación con el Papa llevaba consigo un acuerdo trascendental: por su bula *Exigit sincerae devotionis*, de 1 de noviembre de 1478, Sixto IV autorizaba el establecimiento en España de la Inquisición.

* * *

Resulta innecesario resaltar la ingente polvareda levantada, a lo largo de los siglos, por este tema de la Inquisición. Sirvió de sustento fundamental para montar toda la *leyenda negra* que tan sañudamente quiso desprestigiar a España y más concretamente a los Reyes Católicos. Una bibliografía abrumadora ha tratado la cuestión, en todos los tiempos, en todos los países y desde todos los puntos de vista; con general predominio de los rabiosamente negativos. Aunque en el último medio siglo comenzó a prosperar cierta historiografía menos tendenciosa, que procura situar el tema en términos más justos y equilibrados, sigue siendo el punto mayormente controvertido del reinado de Isabel y el que más argumentos proporciona a sus detractores.

Es imposible entender el problema de la Inquisición con mentalidad actual. Para aproximarse siquiera a su motivación, resulta indispensable situarse en el siglo xv y no solamente en el terreno religioso, sino también en el del Derecho Penal. En el primero, parece ocioso destacar las inmensas diferencias entre las concepciones que la Iglesia de la época tenía respecto del dogma, la fe y la moral y las alumbradas posteriormente; no se diga, a raíz del Concilio Vaticano II. En cuanto a los aspectos materiales de las penas, procedimientos que hoy consideramos tan atroces como la hoguera y las más refinadas torturas, eran habituales en la Edad Media, en todos los países europeos, y estaban admitidos por todas las legislaciones.

Sin embargo y por mucho que queramos comprenderlo, para la sensibilidad de un hombre de hoy habrá de resultar del todo rechazable que una persona pueda ser condenada a muerte horrible, por el simple hecho de aparentar una fe cristiana de la que carece o por hacer escarnio de los símbolos de la religión católica. Tales eran las fundamentales imputaciones que se hacían, en la España de finales del siglo XV, a los judíos conversos: que continuaban celebrando clandestinamente los ritos de su religión y que algunos llegaban a afrentar imágenes y devociones, incurriendo así en flagrante herejía. Tampoco la persecución y castigo de semejantes hechos, tenidos entonces por ominosos delitos, fue exclusiva española; ni siquiera la Inquisición. Pues la hubo también en Francia (¿habrá que recordar a Juana de Arco?), en Italia y en Alemania. Y Lutero rebasaría o, cuando menos, igualaría todos los excesos de Torquemada, en sus castigos por el crimen de herejía.

No fue invento de los Reyes Católicos; ya en el siglo XIII había existido en Aragón y por eso se habló de la *nueva* Inquisición cuando en 1479 se restableció el Tribunal del Santo Oficio y volvieron a celebrarse los Autos de fe. El proceso solía comenzar por denuncia; por lo común, pasados los primeros años, eran necesarias al menos tres y todas dignas de crédito. No se aceptaban las anónimas. Todo fiel cristiano estaba obligado a denunciar cualquier caso de herejía que conociera, bajo pena de excomunión; incluso los hijos respecto a los padres y los cónyuges entre sí. Podía también el Tribunal investigar por su cuenta la presencia de herejes. Había que aportar testigos, para que los jueces formasen suficiente criterio antes de dictar auto de prisión; el nombre de estos testigos permanecía en secreto, así como el de los denunciantes: ello fue causa de constantes protestas al Papa, ante lo irregular del procedimiento. Pero el bien fundado temor a represalias sangrientas hizo que se mantuviera el sistema.

Comparecidos los reos ante el Tribunal, se les tomaba declaración, después de que hubieran prestado juramento. La primera pregunta que se les formulaba era sobre si conocían las razones de su detención; tras un interrogatorio breve, se les exhortaba a meditar en conciencia si se sentían responsables de alguna culpa. El fiscal precisaba los términos de la acusación, que debía contestar el abogado defensor, miembro del propio Tribunal y designado por éste. Si el acusado no se confesaba culpable, deponían los testigos y el denunciante; sus declaraciones se entregaban al reo, para que las contestara por escrito. Podía aquél recusar testigos, presentando una lista de personas que le odiaban, por si coincidía con alguno de ellos; también gozaba del derecho a pedir la deposición de testigos de descargo. Informaban fiscal y defensa y a la vista de lo actuado, podía acudirse al testimonio de peritos o *calificadores* para precisar los hechos.

En ocasiones, si la prueba no parecía suficiente, se aplicaban tormentos corporales al acusado, para hacerle confesar. Práctica, por otra parte, muy normal en la época, que figura en las legislaciones de todos los países. También es cierto que no resultaba frecuente que se recurriera a las torturas por el Santo Oficio; según Bernardino Llorca, S. J., nunca se aplicó tan bárbaro sistema en la época de Torquemada. Los tormentos podían consistir en los cordeles, la garrucha y el agua en combinación con el burro. Un médico estaba presente y ordenaba suspenderlos cuando corría peligro la vida del acusado.

Las sentencias variaban, según que el reo hubiese reconocido o no su culpa y hubiera pedido perdón por ella. Si así lo hacía, las penas oscilaban entre cadena perpetua, confiscación de bienes y el *sambenito* u otras menos graves. Pero si el acusado mantenía su negativa, pese a haberse demostrado en el proceso la culpabilidad, era condenado a morir en la hoguera, pues tal era el castigo que el derecho penal común imponía a los condenados por herejía. Para los *reconciliados*, es decir, aquellos que pidieron perdón por sus culpas, se disponía una ceremonia pública de abjuración de sus errores, en la que eran sometidos a las más tremendas vejaciones.

Dijimos que la bula pontificia autorizando a los reyes Isabel y Fernando a restaurar la Inquisición fue dictada el 1 de noviembre de 1478; pero no se aplicó de modo inmediato. La reina quiso apurar una fase de atracción pacífica de los falsos conversos y el cardenal Mendoza dictó una pastoral, adoctrinando a los feligreses de Sevilla sobre los requisitos y formas que debía revestir la fe de un auténtico cristiano; se difundió en la capital andaluza porque era allí donde más casos de herejía se conocían entre los cristianos nuevos; y por eso también, donde primero iba a actuar el Tribunal del Santo Oficio.

Clérigos y religiosos llevaron a cabo una intensa campaña desde el púlpito e incluso mediante sermones por las calles. Querían persuadir al pueblo de la necesidad de profesar auténticamente la religión cristiana, amenazando con todos los castigos del infierno a quienes no lo hicieran; pero sin descubrir, a lo que parece, la cercana entrada en funcionamiento de la Inquisición. Cuando fueron nombrados inquisidores de Sevilla Miguel de Morillo y Juan de Sanmartín, en septiembre de aquel año, y a finales de noviembre comenzaron a actuar, el pánico entre los *marranos* (que así se llamaba a los judíos conversos) fue tan inmenso, que se organizó una desbandada hacia tierras de señorío. Los primeros inquisidores eran dominicos —como lo serían después la mayoría— y su dureza resultó notoria.

Al comenzar su labor los tribunales del Santo Oficio, se desataron fuertes polémicas entre muchos cristianos viejos, intransigentes, que aplaudían los Autos de fe, y los conversos auténticos, como el cronista Hernando del Pulgar, que consideraban desmesurada la represión. Los crueles excesos de ésta llegaron a conocimiento del Papa, que en 29 de enero de 1482 dictó una bula, suprimiendo la Inquisición; pero pronto la dulcificó, consintiendo que Morillo y Sanmartín continuasen actuando contra los herejes, si bien sometidos a los obispos de las respectivas diócesis. El 11 de febrero, Sixto IV, recabando para la Iglesia el derecho exclusivo de promover los Autos de fe, nombraba a siete dominicos para el Oficio de la Inquisición; entre ellos, el bachiller en teología fray Tomás de Torquemada. Meses más tarde, concedió de nuevo facultad a los reyes para intervenir en los procesos, mediante jueces civiles; a partir de este momento se produjo la implantación de tribunales del Santo Oficio en todos los reinos.

No es posible conocer con cifras seguras el número de personas condenadas a muerte por la Inquisición. Recoge fray Tarsicio de Azcona un dato del inquisidor en Guadalupe, según el cual, en 1485 fueron condenadas allí a la hoguera 52 personas, entre ellas un monje; 46, desenterradas y quemadas (pues las condenas alcanzaban también a los muertos) y 16 sufrieron cadena perpetua. De la inflexibilidad del Santo Oficio han quedado pruebas abundantes; nunca se detuvo ante la alcurnia o el poder de los más influyentes personajes. Así, inició proceso contra los padres —ya fallecidos— del obispo de Ávila, Juan Arias; ante la certeza de una condena inevitable, el prelado desenterró los huesos de sus difuntos, los ocultó y escapó a Roma, temeroso de ser también investigado.

La condena por la Inquisición llevaba aparejada la confiscación de los bienes de los reos, fueran o no ejecutados. Mucho se ha especulado con las ganancias que ello produjo a la Corona e incluso, los historiadores poco afectos a los Reyes Católicos, han desmesurado las cifras, pretendiendo que la verdadera causa del mantenimiento de la controvertida Institución fue fundamentalmente económica. Aunque, evidentemente, los ingresos resultaron muy considerables —en el Arzobispado de Sevilla, por ejemplo, el total recaudado por las *reconciliaciones* pasó de los cinco millones de maravedís—, parece indiscutible que los móviles esenciales de los reyes al renovar la Inquisición e implantarla con toda su dureza, tuvieron una inspiración estrictamente religiosa. Para ellos —sobre todo, para Isabel— preservar la fe cristiana de toda contaminación herética formaba parte fundamental de sus deberes como soberanos de una nación católica.

Recordemos de nuevo la época en que nos hallamos; el concepto que entonces se tenía de la religión y la doctrina que emanaba de los pontífices, a sideral distancia todavía de cualquier aproximación o tolerancia con otras creencias distintas de la católica.

CAPÍTULO SEXTO

NÁRRASE LA CONQUISTA DE GRANADA Y EL FINAL DE LA PRESEN-
CIA ÁRABE EN ESPAÑA TRAS CASI OCHO SIGLOS, MERCED A UNA
GUERRA QUE DURÓ DIEZ AÑOS, COMO LA DE TROYA, Y FUE ASI-
MISMO PRÓDIGA EN HAZAÑAS BÉLICAS, GESTOS CABALLERESCOS
Y NOVELESCOS LANCES

Al fondo, los picos blancos de Sierra Nevada brillan al
sol tibio del invierno. La vega extiende su verdor hasta
las mismas murallas de la ciudad; en el campamento
puede escucharse el rumor dulce de las aguas del Genil.
Granada, por fin vencida, aparece frente a los ojos de los
soldados. Los soldados, en impecable formación, lucen
sus galas mejores: los penachos multicolores; las bruñidas
armaduras, relucientes, aunque algunas guarden, en sus
abolladuras, el recuerdo de las feroces batallas; limpios
los jubones; los sombreros y los cascos, rectamente colocados. La caballería se alinea y es de ver el colorido de las
gualdrapas y la variedad de los arneses; sus jinetes apoyan
en el suelo las lanzas y las picas, que semejan un bosque
poblado por metálicos pinos.

La reina Isabel, el rey Fernando, el príncipe Juan, el
cardenal Mendoza, fray Hernando de Talavera, los más
preclaros capitanes del ejército, visten también galas. Dada
la grandiosidad del día, se ha dispensado el luto que guardaban por la muerte del muy breve esposo de la infanta
Isabel, el príncipe don Alfonso de Portugal, e incluso algunos van ataviados a la morisca, con marlucas y allobas
de brocado y seda. Todos miran con expectación hacia las
torres de la Alhambra, que desde lo alto se muestran, im-
presionantes y majestuosas, en su árabe y sensual arqui-
tectura. De pronto, un clamor unánime se alza entre los
millares de soldados y disparan al unísono lombardas y

morteros y suena el redoblar de los atambores y los reyes y su ilustre cortejo caen de hinojos: en lo más alto de la más alta torre del palacio moro, la de la Vela, se alza por tres veces la cruz de Jesucristo. E inmediatamente, también por tres veces, el pendón de Santiago y el estandarte real. Un heraldo de armas, puesto en pie sobre la torre, grita:

—¡Santiago, Santiago, Santiago! ¡Castilla, Castilla, Castilla! ¡Granada, Granada, Granada, por los muy altos y poderosos reyes de España, don Fernando y doña Isabel...!

No pudo evitar la reina que el llanto la dominase; don Fernando, también vivamente emocionado, la atrajo hacia sí y dedicóle una dulce sonrisa. Entonces, todos aún de rodillas, cantaron el *Te Deum Laudamus*. Al terminar, se reprodujeron los vítores y las demostraciones de júbilo entre los nobles, capitanes y soldados, los disparos de la artillería y el sonar de las trompetas. En duro contraste con tanta alegría, junto a una de las tiendas de campaña, un grupo de hombres de oscura tez y ricos trajes había seguido el acto con gesto de infinita tristeza; y sus lágrimas, que muchas derramaron, no fueron de gozo, sino de dolor. Eran Boabdil *el Chico* y su séquito, que poco antes habían rendido a los Reyes Católicos la ciudad.

Se cumplían así las capitulaciones firmadas el 25 de noviembre de 1491 entre el monarca moro y los Reyes Católicos, en virtud de las cuales, Granada sería rendida en un plazo de sesenta días, después acortado hasta el 5 de enero. El día primero de año, Boabdil envió al campamento cristiano de Santa Fe los rehenes granadinos que se había obligado a entregar; sus negociadores interesaron que aquella misma noche se adelantase un destacamento para ocupar ya la Alhambra y los puestos clave de la ciudad. Así se hizo en seguida, mandando la fuerza el comendador Gutierre de Cárdenas.

Boabdil recibió a la expedición en la torre de Comares y entregó al comendador las llaves de la Alhambra; la abandonó a renglón seguido y don Gutierre, tras recorrer el recinto y dejar guardias en sus lugares estratégicos, asistió a una misa celebrada en uno de los aposentos. Después envió aviso a los reyes de que todo se desarrollaba con normalidad. Al salir el sol se dispararon en la Alhambra tres cañonazos, señal acordada para que el ejército que acampaba en Santa Fe se pusiera en marcha hacia Granada, adonde llegó antes del mediodía; quedando en formación de parada y con la gala y brillantez que hemos descrito.

El rey don Fernando estaba con su séquito en el arenal del Genil, donde hoy se levanta la ermita de San Sebastián el Viejo; algo retirados, sobre un suave cerro, la reina, con el príncipe y la infanta y el cardenal Mendoza y las damas de su corte. Boabdil, tras vadear el río —sin consentir en esta ocasión, tan triste para él, que los caballeros le cubrieran los pies con los suyos, según costumbre mora— llegó hasta don Fernando e hizo ademán de besarle la mano, lo que aquél no consintió. Detalle sobre el que no coinciden los cronistas presentes, pues algunos así lo describen, mientras otros dicen que el moro, sacando un pie del estribo, quitóse con una mano el sombrero y puso la otra sobre el arzón del caballo del monarca cristiano. Versión que parece más fiable, pues en las conversaciones previas a la rendición, mucho insistió Boabdil en no humillarse al besamanos del rey católico y éste y su esposa y el mismo cardenal decidieron no dar importancia a lo que era simple ceremonia.

Cruzaron breves palabras los dos soberanos, por mediación de intérprete, y el moro, tras besar las llaves de Granada, se las entregó a don Fernando, quien las pasó en seguida a doña Isabel —que se había aproximado al grupo, con su séquito—, la cual las dio al príncipe Juan y éste al conde de Tendilla, que había sido nombrado alcaide de la Alhambra. Entró el conde en el palacio y fue hacia la torre de la Vela, para llevar a efecto el izado de banderas y la proclamación de la toma de la ciudad. Eran las tres de la tarde del día 2 de enero de 1492; desde entonces, las campanas de las iglesias granadinas hacen sonar tres toques a esa exacta hora.

Había terminado la Reconquista. El rey firmó un a modo de último parte de guerra, remitido a las autoridades de Sevilla, en el que les comunicaba *haber dado bienaventurado fin a la guerra que he tenido con el rey moro de la ciudad de Granada, la cual, tenida y ocupada por ellos por más de setecientos ochenta años, hoy, dos días de enero de este año de noventa y dos, es venida a nuestro poder y señorío...* La unidad de España estaba conseguida: hazaña indudable, logro fundamental para su subsiguiente prosperidad y esplendor, que ciertos necios pretenden discutir en nuestros tiempos. Entre los testigos directos de la rendición de Boabdil, aquel día glorioso, se encontraba un personaje que había pasado años merodeando por la Corte de los Reyes Católicos, a la espera de que, disipada su única preocupación de entonces, la toma del último reducto moro, pudieran prestar atención a sus proyectos. Se llamaba Cristóbal Colón.

Había terminado asimismo la Edad Media española. Y como destaca el más profundo historiador de este período, Juan de M. Carriazo, se clausuraba felizmente la colisión entre dos mundos opuestos y antagónicos: el Islamismo europeo occidental, que agoniza, agotando sus últimas posibilidades *y la España cristiana, que cuaja su unidad y se ensaya para sus más altos destinos, polarizando su esfuerzo en una empresa nacional.*

Diez años duró la guerra de Granada: los mismos que la de Troya. Y como en aquélla, se llevaron a cabo hazañas auténticamente homéricas y se idealizó al adversario y abundaron los lances caballerescos y, pese a crueldades recíprocas y recíprocas muestras de ferocidad, *una densa atmósfera poética*, dice García Gómez, envolvió toda la campaña.

Lo veremos en seguida.

* * *

Todo comenzó en diciembre de 1481, cuando el emir Muley Hacen, que reinaba en Granada, rompiendo unilateralmente la tregua que tenía concertada con los Reyes Católicos, asaltó la fortaleza cristiana de Zahara, cercana a Ronda, causando terrible mortandad entre sus vecinos y trasladando a la capital a los supervivientes —casi todos, mujeres y niños— cargados de cadenas. Dice la leyenda que, como excepción entre los palaciegos que felicitaban con entusiasmo al emir, Ali Macer, un viejo santón de barba blanca, profetizó:

—¡Ay, ay de Granada! Las ruinas de Zahara caerán sobre nuestras cabezas: me dice el corazón que el fin del imperio musulmán es llegado.

Al conocerse la noticia de la carnicería en Medina del Campo, donde se encontraban los reyes, decidieron éstos vengarla con presteza y para ello encargaron al asistente de Sevilla, don Diego de Merlo, una operación de represalia. Eligióse la ciudad de Alhama, en el corazón del reino granadino, a sólo ocho leguas de la capital y tres mil jinetes y cuatro mil infantes, con el marqués de Cádiz al frente, cayeron sobre ella el 1 de marzo de 1482, asaltando con escalas el castillo y ocupando después la ciudad, donde se ensañaron con el enemigo, llevando a cabo un gran saqueo. Era Alhama una especie de real sitio, frecuentado por la corte islámica y el botín de alhajas, púrpuras y sedas resultó sustancioso. Pero, naturalmente, los conquistadores habían quedado en difícil situación, dentro del territorio enemigo y alejados del propio. Consciente de ello, convenció la reina Isabel a su esposo para que organizara el auxilio inmediato del marqués de Cádiz y sus hombres; desde Antequera se puso en marcha una aguerrida hueste, con treinta mil infantes y diez mil de a caballo.

Por su parte, Muley Hacen avanzaba ya hacia Alhama, dispuesto a reconquistarla, con tropa también muy numerosa. Fracasado su ataque frontal, cercó la villa, que no tenía más suministro de agua que la del río que pasaba junto a sus muros. Agotado el último aljibe de que se disponía, pasaron días angustiosos los sitiados, ya que sólo de noche podían descolgarse por las murallas, para llenar sus odres; el riesgo era mucho, y las bajas, numerosas.

Por fortuna, llegó a tiempo el ejército cristiano, retirándose los de Muley Hacen, ante su evidente inferioridad de efectivos. Mandaba la tropa salvadora el antiguo enemigo del marqués de Cádiz, el marqués de Medina-Sidonia, que no dudó en dar de lado añejas rivalidades para acudir en su ayuda, unidos como estaban ya en una empresa común. Roto el cerco de Alhama, quedó allí una guarnición de ochocientos hombres y retiróse el grueso del ejército a Antequera. Tres semanas después, enterado el emir de esta circunstancia, volvió a intentar la conquista y de nuevo fracasó, regresando a Granada muy encolerizado, dispuesto a pregonar la guerra santa contra los cristianos.

El capitán don Diego de Merlo informó a los reyes de lo sucedido y de las muchas bajas sufridas, pidiéndoles refuerzos y víveres. Muchos nobles opinaron que mejor sería abandonar la villa, pues su situación la tenía a merced de constantes ataques del moro; pero Isabel, alegando razones de honor y dignidad, convenció a todos de que era necesario conservarla a todo trance. Así que se envió un ejército de ocho mil caballos y diez mil peones, mandados por el propio don Fernando, que entró en la ciudad el treinta de abril. Tras reparar los muros, surtir los almacenes y premiar a los valerosos defensores con distintas mercedes, el cardenal Mendoza consagró como templos católicos las tres mezquitas de la villa. Fue relevada la guarnición con mil ballesteros y cuatrocientos lanceros de a pie y después de efectuar una salida por la vega de Granada, en la que destruyó sembrados y molinos y capturó ganado, el rey regresó a Córdoba con el grueso de sus fuerzas.

La guerra, pues, estaba declarada. Y una vez más, las circunstancias del enemigo iban a favorecer a los Reyes Católicos. Muley Hacen, casado con la sultana Aixa, se había enamorado de una esclava cristiana, doña Isabel de Solís, a quien llamaban los infieles Zoraya (*Lucero de la mañana*) y que fue convertida por el emir en su favorita. Aconsejado por el vazir Venegas, su hombre de confianza, descendiente de cristianos de Córdoba, ordenó el rey degollar a varios nobles de la familia de los Abencerrajes, por su connivencia con la repudiada Aixa. Entonces ésta, aprovechando el descrédito de Muley por sus fracasos en Alhama, hizo correr por el reino el rumor de que el emir estaba hechizado por la cristiana, buscando con todo ello que fuera proclamado monarca su hijo Boabdil.

La reacción de Muley fue inmediata: prendió a madre e hijo y los encerró en una torre de la Alhambra. De allí escaparía pronto el joven príncipe Boabdil, descolgándose a lo largo de una cuerda hecha con el velo de Zoraya y las tocas de sus doncellas: al pie de la torre le esperaban a caballo un grupo de Abencerrajes, que huyeron con el muchacho a Guadix. A los pocos días regresaban en son de guerra, aliados con el alcaide de la torre y contando con el apoyo mayoritario del pueblo. A pesar de los heroicos esfuerzos de Venegas, él y Muley Hacen tuvieron que huir de Granada, refugiándose en el castillo de Mondújar. Y aunque reorganizadas sus fuerzas, intentaron entrar de nuevo en la ciudad, otra vez fueron rechazados, después de una feroz lucha nocturna, a la luz de las teas y los faroles que los vecinos sacaban a las ventanas, para alumbrar el cruel combate.

Mientras, la reina Isabel, decidida firmemente a seguir hasta el final la guerra contra el infiel, organizaba en Córdoba sus ejércitos. Para evitar que desde Marruecos pudiesen enviar refuerzos a los moros, mandó armar una escuadra que bloqueó el estrecho y las costas africanas. Impaciente por reanudar las hostilidades, don Fernando se puso en camino hacia Loja, antes de que le llegaran los refuerzos previstos y acampó a la vista de la ciudad, junto al río, en un paraje nada apto para el despliegue de la caballería. Aliatar, que defendía Loja, hizo caer al rey en una emboscada, en la que perdió la vida el maestre de Calatrava, herido mortalmente por dos flechas envenenadas. Tuvieron que retirarse los cristianos y diéronles alcance sus enemigos, entablándose una batalla, en la que el propio don Fernando estuvo en peligro y salvó la vida gracias a la ayuda del marqués de Cádiz, que a pie, por haber muerto su caballo, acudió en su ayuda. Finalmente, el maltrecho ejército logró refugiarse en la peña de los Enamorados y seguir desde allí a Córdoba.

Mucho disgustó semejante revés a Isabel, aunque procuró devolver el ánimo a su esposo, exhortándole para que, con la experiencia tan dolorosamente adquirida, planeara, con todo rigor, la guerra para la total conquista del reino de Granada. Viajaron los soberanos a Madrid y celebraron una Junta en Pinto, obteniendo el apoyo de la Hermandad para la empresa que se disponían a emprender. Consiguieron también empréstitos de particulares y el Papa expidió una bula por la que las órdenes militares venían obligadas a socorrer con subsidios la campaña, además de otorgar indulgencias de cruzada a cuantos se alistaran para luchar contra los infieles. En febrero de 1483, los reyes habían resuelto una vez más los problemas económicos, pudieron pagar los atrasos al ejército y dieron impulso definitivo a los preparativos bélicos.

La incansable actividad de la reina le hizo realizar un importante viaje político a las provincias del Norte, mientras Fernando volvía a la guerra con los moros. Por El Espinar, Segovia, Aranda y Lerma, llegó Isabel a Burgos; allí permaneció unos días, siguiendo después hasta Santo Domingo de la Calzada, donde se reunió con el gobernador de Navarra, cardenal Pedro de Foix, a quien hizo ver la conveniencia de casar al príncipe Juan, su primogénito, con doña Catalina, heredera de Navarra, unión que reafirmaría la unidad española, tan anhelada por Isabel; sin embargo, las Cortes no aprobaron el proyecto. Continuó camino la soberana hacia Bilbao, jurando los fueros de la villa y confirmando sus privilegios; juró asimismo bajo el árbol de Guernica, al ser reconocidos los reyes como señores de Vizcaya y se detuvo finalmente cuatro meses en Vitoria, repitiendo el juramento foral. Sin duda tenía especial empeño en demostrar con hechos su gratitud a las Vascongadas, que tan fieles le habían sido durante la guerra de sucesión y que ahora estaban volcándose en la ayuda para la guerra de Granada, así en hombres como en dinero.

* * *

Mal iban las operaciones bélicas en el mientras tanto, hasta el punto de que los ejércitos cristianos sufrían su mayor derrota de toda la campaña. El maestre de Santiago, don Alonso Cárdenas, junto con el marqués de Cádiz y otros ilustres nobles andaluces, partiendo de Antequera, con escasa tropa, habían invadido la comarca malagueña de la Ajarquía, plagada de dificultades orográficas y muy bien defendida por las fuerzas de Abu Abdallah, *el Zagal*, hermano de Muley Hacen, a quien apoyaban dos de los Venegas. En las montañas de Cútar, los moros aniquilaron al ejército expedicionario, con tal mortandad, que dio en llamarse aquel paraje *las Cuestas de la Matanza*. Pudieron escapar la mayoría de los jefes cristianos; pero varios importantes, como el conde de Cifuentes y su hermano, don Pedro de Silva, cayeron prisioneros. Meses más tarde serían rescatados, a muy alto precio.

El desastre constituyó un rudo golpe para las ilusiones de los reyes, al tiempo que hacía estallar el júbilo en Granada. Sin embargo, para Boabdil suponía una contrariedad política, ya que el pueblo recobraba la confianza en su padre, el depuesto Muley Hacen; en vista de lo cual, decidió emprender otra acción por su cuenta, que le llenara de prestigio ante sus vasallos, y organizó una expedición, con los más selectos guerreros granadinos, con intención de invadir la frontera de Écija. La aventura comenzó mal, al menos para gentes tan supersticiosas como los musulmanes: al salir Boabdil por la puerta de Elvira, se espantó el caballo y al tropezar con el arco de la bóveda, se rompió su lanza. Por si algo faltara, poco después se cruzó una raposa entre los soldados y por mucho que éstos dispararon sus flechas contra ella, consiguió escapar con vida. Ante tan siniestros auspicios, los consejeros del rey moro se inclinaban por suspender la empresa; pero él no lo consintió, asegurándoles que desafiaría a la fortuna.

Pernoctó en Loja el brillante ejército de Boabdil, cuya elegancia sería cantada en romances: *¡Cuánta pluma y gentileza, cuánto capellar de grana, cuánto bayo borceguí, cuánto raso que se esmalta!* Aquella columna tan suntuosa iba, sin embargo, a fracasar con estrépito. Tras atravesar el Genil, arrasó los campos de Aguilar, Cabra y Montilla y puso cerco a Lucena. Hubo un previo intercambio de bravatas entre los respectivos jefes. En nombre de Boabdil, amenazó Ahmad Abencerraje:

—¡Abrid las puertas al instante al rey de Granada, si no queréis que, echándolas abajo, os pasemos a todos a degüello!

Y respondió el alcaide cristiano, Diego Fernández de Córdoba, por boca de Fernando de Argote:

—Decid a vuestro rey, que con la ayuda de Dios levantaremos el cerco y seremos nosotros quienes le cortemos la cabeza, poniéndola por trofeo en nuestros adarves.

A la hora de la verdad, la llegada del conde de Cabra en ayuda de los sitiados y la posterior de Alonso de Córdoba y Lorenzo de Porras inclinaron la batalla en favor de los cristianos, huyendo cobardemente la elegante infantería sarracena, sin tener el menor reparo en abandonar las acémilas cargadas con el botín cobrado en las anteriores *razzias*. Tan sólo un grupo de nobles granadinos luchaba con valor y energía junto a un arroyo, al que había ido retirándose con orden y sin perder la cara a sus atacantes. Al frente de ellos, destacaba por su fogosidad y denuedo un muchacho armado de cimitarra y puñal damasquinado, que montaba un caballo tordo cubierto de ricos jaeces. Cayó éste herido y el joven, acometido por el regidor de Lucena con su pica, siguió defendiéndose con bravura, hasta que la llegada de unos soldados le obligó a rendirse.

Ofreció en seguida crecido rescate por su libertad; no le hicieron caso los soldados e incluso uno de ellos le puso la mano encima, con malos modos. El musulmán, rápido, le asestó una puñalada; armóse el consiguiente revuelo, acudiendo entonces el alcaide de los Donceles, a quien se entregó inmediatamente el rebelde joven, que dijo ser hijo del caballero Aben Alnayar, de ilustre familia sarracena. Fue preso en la torre del homenaje de Lucena; pero cuando, a los tres días, llegaron nuevos prisioneros moros, se asombraron los guardianes al ver que, hincándose de rodillas ante él, le rendían homenaje de sumisión. ¡Era el propio rey de Granada, Boabdil *el Chico*!

Inmediatamente se le dio el trato que su rango merecía; planteándose una curiosa disputa entre el alcaide de los Donceles y el conde de Cabra, parientes con el mismo nombre y apellido —Diego Fernández de Córdoba— sobre cuál de ambos merecía el honor de ser considerado autor de la captura del rey moro.

Con sumo tacto procedieron Isabel y Fernando, dispensándoles mercedes por igual. Recluido primero en la fortaleza de Porcuna, Boabdil fue llevado más tarde a Córdoba, adonde acudió el rey católico, esmerando las delicadezas con su ilustre prisionero, objeto de agasajos y fiestas. Mientras, se decidía en la corte cristiana su destino; frente a quienes defendían el criterio de que no debía ser liberado, se impuso la tesis del marqués de Cádiz, apoyada por Isabel, según la cual convenía aceptar un rescate en las mejores condiciones y devolverle a Granada, donde su padre Muley Hacen, aprovechándose de su ausencia, había recuperado el trono. Por consiguiente, el retorno del hijo avivaría de nuevo las disputas, con el natural beneficio para los cristianos.

En agosto se llegó a un acuerdo con los emisarios de Aixa, la desconsolada madre de Boabdil. Se obligaba éste a entregar como rehén al hijo de muy corta edad que había tenido con su esposa Moraima y a otros doce mancebos, hijos de nobles principales, que responderían del fiel cumplimiento de las obligaciones que contraía. Eran éstas comprometerse a ser fiel vasallo de los Reyes Católicos, presentándose en la Corte cuando fuese llamado; pagar un tributo anual de doce mil doblas zaenes (unos 14 000 ducados); entregar 400 cautivos y otros 60 al año, durante los cinco siguientes y garantizar la integridad de la siempre inestable villa de Alhama. Firmado el compromiso, a comienzos de septiembre fue puesto en libertad, recibiendo numerosos regalos del rey Fernando y siendo acompañado hasta las fronteras de su reino por una escolta de caballeros españoles, que en todo momento le dispensaron afectuoso trato.

Y efectivamente, como habían previsto la reina y el marqués de Cádiz, apenas llegó Boabdil a Granada reanudó la guerra contra su padre, y después de feroces enfrentamientos en las calles de la ciudad, se estableció un armisticio, en virtud del cual Muley Hacen quedaría como rey de Granada, y su hijo, de Almería. Poco después, tropas cristianas tomaban Lopera, recuperando estandartes, corazas y escudos de los que se perdieron en la derrota de la Ajarquía. Pero estos triunfos locales no conseguían disipar el mal humor de los soldados, siempre atrasados en el cobro de sus pagas. Entonces, el conde de Tendilla discurrió pagarles mediante unas monedas de papel que les iba entregando, de distintos valores y con su firma, con la promesa de que, a su tiempo, serían cambiadas por las de metal. Puede decirse por tanto que, en 1484 y durante la campaña de Granada, fue inventado el papel moneda.

Los últimos meses del año los dedicaron los reyes a modernizar el material de sus ejércitos. Las ballestas y las picas habían dejado de tener la eficacia de antes, imponiéndose los arcabuces, las espingardas y otras armas de fuego. Pero, sobre todo, entendió con agudeza don Fernando la imprescindible necesidad de aumentar la artillería, ordenando para ello la construcción de fraguas, de las que salieron lombardas, morteros, falconetes y bombardas, en cantidad y con innovaciones desconocidas hasta entonces en Europa. Para llevar las piezas a los campos de batalla y a los fuertes, se adelantaban zapadores, que desbrozaban el terreno y abrían camino.

La eficacia del arma se puso de manifiesto en la conquista de Ronda, cuyo castillo fue machacado por los disparos del ejército cristiano, en mayo de 1485. Se avecinaban tiempos difíciles: las discordias internas de los moros iban a terminar, al menos por el momento, al erigirse rey absoluto de Granada el peligroso Abdallah *el Zagal*, en cuyo favor abdicó el anciano Muley Hacen. Pronto dio muestras de su talante sanguinario: sorprendió cerca de Sierra Nevada a un centenar de caballeros de Alcántara, salidos de la villa de Alhama y los degolló a todos, entrando en Granada con sus cabezas colgadas de los arzones de las sillas de su tropa.

Por entonces, Boabdil, derribado meses antes de su efímero trono almeriense por su tío, *el Zagal*, se hallaba en territorio cristiano, acogido a la hospitalidad de los Reyes Católicos. Murió Muley Hacen y su favorita Zoraya lanzó esta vez la especie de que la culpa había sido de un filtro envenenado que le hizo beber su hermano *el Zagal*. Los cándidos moros volvieron a creerse la mentira y de nuevo se enzarzaron en luchas intestinas, aunque al final se llegara a un acuerdo entre tío y sobrino: Boabdil dominaría las zonas fronterizas con los cristianos, dadas sus buenas relaciones con éstos y *el Zagal* quedaría dueño de las ciudades de Granada, Almería y Málaga.

Aunque Boabdil comunicó el acuerdo a los Reyes Católicos, manifestando que por su parte consideraba en vigor su obligación de vasallaje, don Fernando simuló gran enojo por lo que entendía ardid del moro; y emprendió acción guerrera contra él, marchando sobre Loja en mayo de 1488. Las tropas sarracenas se habían reforzado con grandes contingentes de negros africanos, los llamados *gomeres*, acaudillados por Hamet el Zegrí, guerrero de singular arrojo y crueldad. Por su parte, el ejército cristiano contaba ahora con la colaboración de un grupo de caballeros ingleses, mandados por lord Scales, conde de Rivera, y de franceses, a las órdenes del senescal de Tolosa, Gaston de Lyon.

Fue muy dura la batalla, en la que el pequeño Boabdil intervino personalmente, embutido en su brillante coraza; aunque tuvo la mala fortuna de ser herido por dos disparos de bala, debiendo abandonar el campo. El inglés lord Scales, que combatía vestido impecablemente y asombraba a todos por su habilidad en el manejo del hacha, recibió una pedrada, que le arrancó varios dientes, dejándole sin sentido. También quedó herido Hamet el Zegri, lo que da idea de la dureza del combate. Finalmente, las tropas cristianas asaltaron la ciudad y Boabdil capituló en el castillo. Para conferenciar con él los términos de la rendición, fue comisionado un joven capitán, que había trabado amistad con el rey moro durante su prisión en Porcuna. Se llamaba Gonzalo Fernández de Córdoba; pronto sería conocido como *El Gran Capitán*.

A partir de la conquista de Loja y de las posteriores de Illora, Montefrío, Colomera y El Salar, la reina Isabel se hace presente en los campos de batalla, desatando el entusiasmo de sus soldados (que, además, ya han cobrado parte de sus deudas, haciendo bueno el papel moneda de Tendilla). Según el cronista Bernáldez, cuando llegó al campamento de Moclín, iba tocada con un sombrero negro bordado; se cubría con un manto grana de estilo árabe y llevaba debajo brial de terciopelo, saya de brocado y dos faldas de brocado y terciopelo. Cabalgaba una mula castaña, con silla guarnecida de oro y plata, con falsas bridas de raso y enmantillada de terciopelo carmesí, bordado de oro. Todos los nobles y capitanes la esperaban, acompañando al rey don Fernando; y por su elegancia se distinguía el desdentado lord Scales, con sombrero de plumaje a la francesa, abrigo de brocado de seda y un broquelete pendiente del brazo, con bandas de oro.

* * *

Iba a seguir la guerra: en lenta progresión los avances cristianos, jurando y perjurando sucesivamente Boabdil sus deberes con Fernando y enzarzado al tiempo en luchas con su tío, *el Zagal*. Sorprendentemente, pidió éste entrar en negociaciones con los Reyes Católicos y fue enviado para entablarlas al comendador don Juan de Vera, afectuosamente recibido por Abu Abdallah en los salones de la Alhambra. Pero como uno de los nobles de la corte mora, charlando con el comendador, se permitiera obscenas alusiones a la Virgen María, el caballero cristiano sacó la espada y de un solo tajo partió en dos la cabeza del imprudente. Atacado por sus compañeros, tuvo que defenderse en desigual lucha, hasta que llegó *el Zagal* y al enterarse de lo sucedido, presentó sus excusas a don Juan de Vera, castigando a los responsables de la afrenta. Cuando, al regresar a su campo, contó aquél lo sucedido a don Fadrique de Toledo, el jefe cristiano escribió dando las gracias al moro y regaló al comendador el mejor de sus caballos, por su firmeza en la defensa de la fe.

En abril de 1487, un temblor de tierra sacudió Córdoba, afectando incluso al Alcázar. Temieron los supersticiosos que fuera un funesto augurio, pero el rey don Fernando, sin reparar en el confirmado antecedente del mal fario de Boabdil cuando salió de Granada, ordenó que se pusiera en marcha el ejército que había formado, con 50 000 peones y 20 000 caballos. Lo encabezaba el propio monarca, con sus nobles habituales, aumentados esta vez por el ingeniero don Francisco Ramírez de Madrid, jefe de la artillería. Y era su objetivo la ciudad de Málaga, con previa intención de conquistar Vélez-Málaga, cortando así las comunicaciones con Granada.

Pensaron los supersticiosos que se salían con la suya: un temporal desbordó los ríos e inundó los valles, dejando intransitables los caminos, en un terreno de por sí difícil, montañoso y abrupto. Mucho tuvieron que trabajar los zapadores; finalmente, la infantería y los montados lograron acampar frente a Vélez. En cambio, la artillería pesada no pudo salvar tantas dificultades, quedando rezagada. Los primeros días del sitio fuero negativos: hasta el rey estuvo a punto de perder la vida en una escaramuza, obligando a sus caballeros a que le recriminasen su costumbre de entrar personalmente en combate. Contestóles:

—No puedo ver buenamente sufrir a los míos, sin aventurarme para salvarlos.

El lógico entusiasmo de los soldados ante la gallardía de su monarca debió enfriarse cuando conocieron las ordenanzas que acababa de dictar. En ellas les prohibía, bajo rigurosas penas, blasfemias y juegos de azar. Dio ejemplo el propio Fernando, renunciando a su vieja afición a los naipes, con los que entretenía muchos ratos en su tienda de campaña. Y consiguió dotar a sus hombres de una espléndida disciplina que, unida a su tradicional coraje, hizo que, en cuanto llegó, por fin, la artillería, entrasen en Vélez-Málaga, que se les rindió fácilmente.

Expedito el camino hacia Málaga, los ejércitos cristianos estuvieron en pocos días frente a la gran ciudad, defendida por Hamet el Zegri con sus mejores tropas africanas y protegida por los castillos de Gibralfaro y la Alcazaba, fuertemente artillados. Intentó don Fernando pactar secretamente su entrega con la gente acomodada de la ciudad; pero enterado el moro por una delación, hizo degollar a cuantos consideraba responsables de los tratos. Entonces, el rey buscó el diálogo directo con Hamet, enviando a parlamentar a dos emisarios, con cartas en las que ofrecía ventajosas ofertas si rendía la plaza; la actitud del jefe sarraceno resultó irreductible. Todavía, en un audaz esfuerzo por convencer a los malagueños de los graves daños que se les vendrían si se empeñaban en resistir, entró en Málaga Hernán Pérez del Pulgar, que arengó a los ciudadanos en la calle; tuvo que intervenir el caballeroso —pese a su ferocidad en la lucha— Hamet para que el enviado saliera con vida y pudiese regresar al campamento.

Comenzó, pues, el asedio, con la colaboración de galeras y otras naves, que cercanas a la costa, apoyaban la acción de las tropas de tierra. Éstas eran ya un conjunto de soldados procedentes de muy distintas comarcas: gallegos, leoneses, vascos, castellanos, aragoneses, valencianos, andaluces: la unidad de España comenzaba a fraguarse en el campo de batalla. Su valor, sin embargo, no bastaba para abatir los muros de Málaga, defendidos también con arrojo. Tras muchos días de asedio inútil, comenzó a cundir el desánimo en la tropa; entonces, el rey acudió a la solución infalible en estos casos: hizo venir de Córdoba a Isabel.

Por segunda vez, intentó Fernando pactar la rendición con Hamet; la respuesta de éste fue dictar una proclama, anunciando la pena de muerte para cualquier persona que pronunciase la palabra capitulación. Continuó la lucha y las posiciones españolas se vieron favorecidas con la inesperada colaboración de Boabdil, que lleno de odio hacia su tío y buscando aproximarse de nuevo a los Reyes Católicos, atacó y destruyó una columna de caballería que desde Guadix acudía en socorro de los sitiados. Y más aún: en el colmo de la adulación, envió a Isabel un espléndido presente de caballos, vestidos, joyas, telas y perfumes.

* * *

La tarde estaba tranquila. Había cesado, desde horas antes, el fuego de la artillería y parecía que sitiadores y sitiados, puestos tácitamente de acuerdo, reparasen sus gastadas fuerzas. En el campamento cristiano, sólo los centinelas permanecían atentos en sus puestos; descansaba el grueso del ejército, tumbada la tropa debajo de los árboles, recostados los artilleros en sus propios artefactos. Hasta el rey reposaba en su tienda, mientras doña Isabel velaba su sueño, entretenida con la lectura.

De pronto, la calma se truncó: los exploradores de las avanzadillas habían descubierto un numeroso grupo de gomeres que se acercaban al campamento, con andar sigiloso. Cayeron sobre ellos y los acuchillaron; pero respetaron a un moro de luenga barba, envuelto en tosca chilaba, que de rodillas y con las manos extendidas hacia el cielo, parecía en éxtasis.

El extraño personaje explicó al oficial que le interrogaba que era un enviado de Mahoma, que, convencido de la inutilidad de aquella lucha, iba a facilitarles valiosa información para que pudieran tomar sin demora la ciudad de Málaga. Pero que se trataba de un secreto que sólo el rey podía conocer.

Llevaron al misterioso individuo hacia el pabellón real; como don Fernando descansaba, fue introducido en el contiguo, donde en aquel momento Beatriz de Bobadilla estaba jugando al ajedrez con don Álvaro de Portugal. Pensó el moro que aquéllos eran el rey y la reina y tras rogar un vaso de agua, cuando don Álvaro se lo ofrecía, sacó un cuchillo de debajo de la chilaba, derribando al caballero de un tajo en la cabeza; se revolvió después contra doña Beatriz, que había pedido auxilio a gritos y al levantar el brazo para apuñalarla, tropezó con unos palos de la tienda. Justamente entonces llegaron varios nobles de la Casa Real y mataron a espadazos al agresor.

Súpose después que se trataba de un santón medio loco, Abraham el Gerbi. Su cadáver fue arrojado dentro de Málaga con un disparo de catapulta; pero además, el suceso sirvió de aviso y se creó una guardia especial de cuatrocientos caballeros de Castilla y Aragón, encargados de la vigilancia de los monarcas.

Quizá lo sucedido encorajinó a don Fernando, que se dispuso a lanzarse definitivamente sobre la ciudad sitiada, sabedor de que el hambre y la peste estaban causando estragos sobre la población, hasta el punto de que nuevamente, algunos ciudadanos principales aconsejaban a Hamet pactar su rendición, sin que esta vez hubiera represalias. Pero el jefe moro les había contestado que preparaba una operación sorpresa, para derrotar a los cristianos y romper el cerco. Y en efecto, los gomeres africanos hicieron una desesperada salida, arrollando la primera línea de los sitiadores y tomando las tiendas de los maestres de Santiago y Alcántara.

En una de ellas se encontraba un grupo de adolescentes, que quedaron sobrecogidos al ver frente a ellos al temible Ibrahim Zenet; pero el sarraceno, que mandaba la expedición, tocó a uno de ellos cariñosamente en el hombro con la punta de la lanza y dijo:

—Ea, muchachos, id con vuestras madres.

Y como los suyos criticasen tal benevolencia, les respondió:

—No los maté, porque no les vi barbas.

El noble sarraceno moriría poco después, en el contraataque de los españoles, víctima de una enorme piedra lanzada por una catapulta. Muy afectados los suyos, se retiraron desordenadamente a la ciudad; y temiendo Hamet el Zegri las iras del pueblo, a quien había prometido victoria, se encerró con algunos gomeres en la fortaleza de Gibralfaro. Libres del pánico que les inspiraba, los ciudadanos designaron al rico comerciante Ali Dordux para que parlamentara con don Fernando la entrega de la ciudad. Se negó éste a pactar, sabiendo que la fruta estaba madura y a punto de caer; amenazaron los de Málaga con colgar de las almenas a quinientos cristianos que tenían cautivos; respondió el rey que, si lo hacían, no dejaría vivo un solo moro; catorce representantes de cada uno de los barrios escribieron entonces una breve carta a los monarcas, solicitando su perdón y benevolencia. Finalmente, intercedió Isabel y se acordó la rendición sin condiciones.

Hamet el Zegri fue hecho prisionero por un hijo de Ali Dordux, que ante la terquedad del cabecilla moro en continuar la resistencia en el castillo de Gibralfaro, se había rebelado contra él. No quisieron Fernando e Isabel entrar en Málaga hasta que estuvieran las calles limpias de cadáveres insepultos; lo hicieron el 20 de agosto. Centenares de cristianos, encerrados durante años en las mazmorras sarracenas, les aclamaron hasta el delirio. Los moros malagueños quedaron todos cautivos: unos fueron distribuidos entre los nobles, caballeros y capitanes; otros se aplicaron al rescate de cristianos; cien gomeres se enviaron al Papa y cincuenta doncellas moriscas, a la reina de Nápoles. Sólo obtuvieron la libertad los que pudieron pagar treinta doblas, en el plazo de ocho meses.

La represión fue, por tanto, muy dura. Lo había sido también la lucha. Ahora, dueños de la costa occidental de Granada, los reyes regresaban a Córdoba, para preparar nuevas operaciones.

Una vez conquistada Málaga, los reyes se tomaron un respiro bélico, para volver su atención a los temas políticos. En Aragón obtuvieron el reconocimiento por aquel reino del príncipe Juan, como heredero de la Corona, y la aprobación por las Cortes del pago de subsidios para financiar la guerra de Granada. De Zaragoza viajaron a Valencia, donde era necesario imponer el orden y apaciguar banderías internas. Ya en junio de 1488 llegaron a Murcia, regresando finalmente a Valladolid. El año había sido escaso en acontecimientos militares y no todos satisfactorios; *el Zagal* obtuvo algunos éxitos parciales y murió en combate el maestre de Montesa, don Felipe de Aragón, primo del rey.

En cambio, 1489 iba a resultar pródigo en victorias. Habían fijado los monarcas su corte en Jaén y desde allí organizaron la marcha sobre Baza. Sin grandes dificultades fueron conquistando las fortalezas del camino; aunque los moros les sorprendieron al poner en servicio una nueva máquina de guerra, que consistía en varias calderas encadenadas, rellenas de aceite hirviendo, que mediante una especie de catapultas, derramaban su abrasador líquido sobre los atacantes. Pese a la nueva dificultad y al valor de las tropas que mandaba el príncipe Cid Hiaya, primo de *el Zagal*, los ejércitos cristianos lograron acampar junto a las huertas de la villa, a la vista de las murallas. Planteóse entonces la conveniencia de mantener un cerco que se adivinaba difícil y las opiniones de los nobles fueron contradictorias; en vista de lo cual, decidió el rey consultar con Isabel, que seguía en Jaén. Sin la menor vacilación, la reina fue partidaria de seguir adelante, para no malograr los muchos preparativos que se habían hecho.

Los moros tenían su mejor defensa en el espeso arbolado de la comarca, que les permitía guarecerse con facilidad y atacar de improviso. Durante siete semanas, cuatro mil taladores del ejército cristiano se encargaron de echar abajo, a golpes de hacha, aquella riqueza forestal, que, sin embargo, tanto entorpecía las acciones bélicas. Se cavaron zanjas y fosos y se levantaron empalizadas y torres. Estaba claro que el sitio de Baza iba a ser largo y difícil; de ahí que Isabel, desde Jaén, se ocupase personalmente de asegurar el avituallamiento de la tropa, haciendo construir un camino de siete leguas, por el que transitaban sin pausa centenares de acémilas cargadas de víveres.

Una mañana de agosto, Cid Hiaya sorprendió a los cristianos al izar en la más alta torre de las almenas de la ciudad la bandera de parlamento. Creyendo que iba a avenirse a un pacto para la entrega de Baza, envió don Fernando a dos de sus nobles, con especiales instrucciones para lograr una paz honrosa. Pero lo que quería el jefe moro era mostrar a los emisarios sus almacenes, repletos de aceite, de trigo, de toda clase de provisiones, para que confirmaran al rey que se encontraban en disposición de resistir mucho tiempo. Asimismo, les entregó un hermoso caballo, con una esmeralda de gran tamaño en su guarnición, como obsequio para el monarca cristiano y en prueba de la consideración que le guardaba.

A don Fernando no le hicieron ninguna gracia, ni las noticias que le transmitieron sus enviados acerca de las abundantes reservas de víveres de sus adversarios, ni el detalle, más irónico que afectuoso, del regalo equino. Hizo devolverlo, con la indicación de que no solía aceptar obsequios de sus enemigos y advirtiendo al príncipe musulmán que a él también le sobraban provisiones para mantener el cerco indefinidamente. Llegadas las lluvias de otoño, el ejército sitiador aprovechó las ramas y troncos de la tala para construir albergues discretamente confortables. Pero los terribles temporales de viento y lluvia de finales de octubre arrasaron buena parte de aquellas frágiles edificaciones, colocando a los soldados en tan crítica situación, que el rey pensó muy seriamente la posibilidad de alzar el cerco de Baza.

Sabedora la reina de las graves dificultades que atravesaba el ejército, empeñó muchas de sus alhajas, tomó en empréstito importantes sumas de comerciantes de Barcelona y Valencia y emprendió camino hacia el frente de batalla, cruzando montañas y colinas, para llegar al campamento el 7 de noviembre. Tres días más tarde pasó revista a caballo a las tropas —dicen que esta vez, armada con coraza— formadas en línea de batalla y, como siempre, levantó en el acto el antes decaído espíritu de los soldados. No contenta con eso, quiso conocer las trincheras de la zona norte, en primera línea del frente.

Como la visita resultaba muy peligrosa, ya que todo aquel sector quedaba bajo el fuego adversario, el marqués de Cádiz informó de los deseos de la reina a Cid Hiaya, solicitándole como merced que mientras durase la inspección, suspendiera las hostilidades. No sólo aceptó el jefe moro, sino que, cuando Isabel estaba examinando las fortificaciones, salió de Baza el ejército musulmán, en formación de parada, los estandartes al aire y haciendo sonar músicas, con su príncipe al frente, en vestido de gran gala. Saludó con gran respeto a la reina católica desde su caballo y ordenó después a sus hábiles jinetes efectuar unas exhibiciones de su destreza en la doma. Terminadas las cuales, todos se retiraron, tras saludar de nuevo cortésmente a Isabel. Así eran las guerras de entonces.

Semanas más tarde, el gentil Cid Hiaya hizo llegar a don Fernando sus deseos de acordar una capitulación honrosa, y tras las naturales conversaciones fue pactada, dándose plena seguridad de sus vidas y haciendas a los defensores vecinos de Baza, que podrían seguir como mudéjares; esto es, como súbditos de Castilla, aunque conservando su religión, sus leyes y sus costumbres. El Zagal, que se encontraba en Guadix, enfermo y desmoralizado, dio su consentimiento a la rendición y los Reyes Católicos colmaron de honores y mercedes a Cid Hiaya, que acabaría abrazando la fe católica y casándose con doña María de Mendoza, una de las damas de Isabel.

Antes, había seguido haciendo méritos; pues convenció al Zagal de que se cumplían las predicciones de los astros y la más elemental cordura aconsejaba rendir Almería y Guadix a los Reyes Católicos, cuya generosidad y nobleza glosó en tales términos, que el decaído jefe musulmán autorizó a su primo para que aceptase la voluntad de Alá, si ésa era. Llegó Fernando a Almería el 21 de diciembre y salió a rendirle pleitesía el Zagal, vestido de luto y en compañía de los hermanos Venegas y sus nobles. Fernando reprendió al comendador de León por no haber rendido al moro los debidos honores.

—Es grave descortesía —le dijo— rebajar a un rey vencido, ante otro rey victorioso.

No permitió que el Zagal le besara la mano, le hizo subir de nuevo al caballo y llevándole a su lado fueron hasta el pabellón real donde se celebró un banquete. Dos días más tarde, el rey católico, con su esposa —que había quedado atrás la víspera— entró oficialmente en Almería. Se limpiaron de enemigos los bosques próximos en fechas sucesivas y confraternizaron vencedores y vencidos en cacerías y fiestas. El 30 de diciembre, con la ocupación de Guadix, terminaba un año por demás fructífero. Isabel y Fernando marcharon a Jaén y dieron licencia a sus soldados, que bien ganado se tenían un descanso.

* * *

A finales de febrero de 1490, los Reyes Católicos están en Sevilla. Abriendo un paréntesis en sus ocupaciones guerreras, se disponen a celebrar una entrañable fiesta de familia: la boda de su primogénita, la infanta Isabel, con el príncipe Alfonso, heredero de la corona de Portugal. Una boda cuyas conveniencias políticas resultaban indudables: terminaba con ella la amenaza siempre latente de la princesa Juana, en tiempos *la Beltraneja* y se reforzaban sólidamente las relaciones con el vecino reino portugués, hasta pocos años antes, tan conflictivas.

La ceremonia salió carísima, porque los reyes pusieron especial empeño en deslumbrar a sus nuevos parientes políticos (nunca mejor dicho) y por ello acudieron, una vez más, a los préstamos. Gracias a ellos, al emisario Fernando de Silveyra, que acudió a Sevilla para concertar los desposorios, se le pudieron regalar telas preciosas por valor de 79 000 maravedís. La vajilla de la novia, toda de oro y plata, costó más de tres millones de maravedís. Menos mal que su equipo y su ajuar salieron más baratos, ya que fueron preparados por la propia reina Isabel, con el mimo que es de suponer.

Quince días duraron las fiestas nupciales y a ellas asistieron, además de los grandes y nobles de Castilla y Andalucía, otros muchos venidos de todos los reinos; incluso de Sicilia y las islas pertenecientes también a la Corona aragonesa. A orillas del Guadalquivir se construyeron tablados y galerías, con abundancia de ricos tapices. Dice el cronista Pulgar que ningún caballero ni hidalgo iba vestido más que con paños de seda y oro. Se celebraron justas y el propio rey Fernando rompió varias lanzas en el torneo. Muchos fueron los festejos populares; músicas, danzas, momos... O sea que los sevillanos lo pasaron en grande.

El derroche resultó considerable. Medio millón de maravedís para arreos de las cabalgaduras de las damas que salieron en las justas; más de cien mil para la hacanea de la infanta; trescientos mil y pico para los arreos del príncipe Juan; cerca de cuatrocientos mil para decorados y vestuario de los momos; doscientos mil largos para la fiesta de correr la sortija. Las capitulaciones se firmaron el 18 de abril; el 25 fueron ratificadas en Évora por el príncipe Alfonso. En seguida se preparó el cortejo que tenía que acompañar a la infanta Isabel a la corte lisboeta, para contraer allí matrimonio. Nadie imaginaba entonces lo breve que iba a resultar.

* * *

Terminadas las fiestas, la corte abandonó Sevilla y el 14 de junio llegó nuevamente a Córdoba. Antes se hizo un alto en Monclín, para armar caballero al príncipe heredero don Juan, que a la sazón tenía doce años. Su equipo constaba de capacete y malla, calzas de campaña y daga. Su madre, la reina Isabel, le entregó las monedas que tendría que ofrendar en el acto litúrgico. A partir de entonces, el príncipe ya podía acompañar a su padre en acciones de guerra.

Poca actividad bélica se registró en el resto del año. Apenas las correrías por la vega de Granada y algunos enfrentamientos con las tropas de Boabdil, que había incumplido su obligación (una de las impuestas al ser liberado) de abdicar del trono cuando los cristianos tomasen Guadix y entregar de inmediato la ciudad de Granada. Requerido por Fernando para que fuese fiel a sus compromisos, se excusó manifestando que no podía contrariar la voluntad de sus súbditos, decididos a mantenerse siempre musulmanes. Aquello supuso una nueva ruptura con el voluble monarca; y los Reyes Católicos se aprestaron a terminar con el último reducto islámico que quedaba en la península.

En la relativa calma de los frentes no faltaban sin embargo incidentes curiosos. Una tarde se acercó a las líneas cristianas, a caballo y con bandera blanca levantada, un caballero moro de gran arrogancia. Explicó que tres hermanos suyos habían muerto en lucha con el conde de Tendilla, por lo que deseaba pelear contra él, en combate singular, para vengarles. Aceptó el conde el reto, lo autorizó el rey y se celebró en campo abierto, ante la natural expectación de nobles y soldados. Venció el español, concediéndole Fernando que retuviera al bravo adversario en su poder, como cautivo.

En noviembre del 90 volvieron los reyes a Sevilla para invernar allí un año más. En su intensa actividad política recibieron embajadas de Escocia, Inglaterra y Francia, tratando el tema de la posesión de Bretaña. Pero sobre todo, se dedicaron a planificar la definitiva conquista de Granada.

* * *

Precisa Juan de M. Carriazo que en la campaña de 1491, último año de guerra, hay que distinguir las operaciones militares de las secretas y muy fructíferas negociaciones de paz. Dice también este mismo historiador que en los ocho meses y ocho días que duró el asedio se dieron *una serie de episodios caballerescos, de tipo medieval: casi un prolongado torneo.* Conscientes ambos bandos de que la suerte de la ciudad está echada, mientras Boabdil negocia, los caballeros moros luchan con temerario valor, como si quisieran despedirse con toda grandeza del último reducto del Islam en España. Su heroísmo encuentra réplica igualmente bizarra en los cristianos, que prodigan hazañas que pasarán al romancero.

El 11 de abril partieron de Sevilla los Reyes Católicos. Quedó Isabel en Alcalá la Real y llegó Fernando el 23 a los Ojos de Huécar, a una legua de Granada, ya en pleno frente. Las primeras acciones bélicas consistieron en una expedición por la Alpujarra y el valle de Lecrín, para efectuar las habituales talas, destrucciones y requisas, regresando después las fuerzas al campamento del Gozco. Estaba éste cercado por paredes y torres de vigilancia, con fosos y calles tiradas a cordel, en las que se levantaban tiendas de campaña, chozas y cabañas. El pabellón más suntuoso era el del marqués de Cádiz, quien lo puso a disposición de la reina para que se alojara en él, cuando a las pocas semanas, llegó al campamento.

Aunque no se reñían batallas, en el sentido absoluto del concepto, eran constantes las escaramuzas, las emboscadas y sobre todo, los combates de pequeños grupos; e incluso los individuales, entre nobles moros y españoles. Semejantes palenques acabaron siendo prohibidos por el rey; pero muchos desafíos se celebraron hasta ese momento, compitiendo los caballeros de ambos bandos en sangrienta lid, ante el dolor o el entusiasmo de las damas de la corte, que seguían a discreta distancia los torneos.

La reina Isabel, personalmente, atendía todo lo relativo a la intendencia y administración militar del campamento. Con su conocido sentido de la caridad cristiana, había organizado ya desde la batalla de Loja, un hospital de campaña, el primer *hospital de sangre* de que hay noticia en la historia. Se componía de seis tiendas, con las camas, médicos y botica correspondientes y, por supuesto, tenía carácter portátil. La propia Isabel lo visitaba con frecuencia, llevando regalos y dinero a los soldados heridos. Por ello, por correr todo de su cuenta, fue llamado *el hospital de la Reina.*

Junto al campamento real del Gozco, comenzó a edificarse una auténtica ciudad, con edificios de mampostería y, naturalmente, enmurallada. Quiso el ejército que se llamara *Isabela,* pero la reina rehusó, proponiendo el

Isabel vino al mundo el 22 de abril de 1451 en uno de los palacios reales de Madrigal de las Altas Torres.

El condestable Álvaro de Luna (en el grabado) tuvo prácticamente secuestrado en sus manos el poder real durante muchos años de la vida de Juan II.

Era Isabel el primer fruto del segundo matrimonio del rey Juan II de Castilla y de Isabel de Portugal. (Estatuas orantes de los monarcas, de Diego de Siloe.)

La debilidad de Enrique IV (en el grabado) **incrementaba cada día más las ambiciones de la nobleza, dividida en dos bandos pendencieros: de una parte, don Beltrán de la Cueva y los suyos; de otra, el marqués de Villena** (aquí en actitud orante) **con sus poderosos partidarios.**

Dos horas duró la primera conversación de los novios, celebrada en presencia de seis testigos. La recíproca impresión que se causaron Isabel y Fernando (de izquierda a derecha) **al conocerse personalmente fue óptima; ella confirmaba el acierto que había tenido al enamorarse «de oídas» de tan sugestivo galán.**

Enrique IV comunicó a todo su reino el juramento como princesa de Juana «la Beltraneja» (en la litografía) y la privación del título para Isabel.

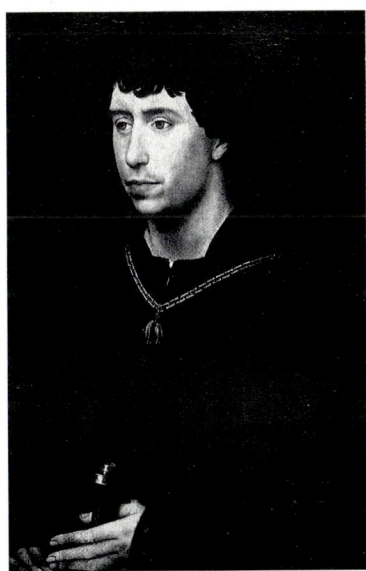

En 1472 el asentamiento de los príncipes Isabel y Fernando, cuyo prestigio rebasaba las fronteras españolas, se confirmaría en ocasión de la visita de la embajada de Carlos «el Temerario». (Pintura de Roger van der Weyden.)

Todos los presentes, terminado el juramento, recibieron y reconocieron, en 1474, a Isabel como reina y señora natural y propietaria de aquellos reinos.

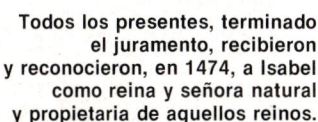

De aquella compenetración entre soberanos respecto a los problemas de Estado nace el mito falsamente interpretativo del lema «Tanto monta, monta tanto» (bien visible en este Salón de los Reyes Católicos en el Alcázar segoviano).

Austero, con una preparación cultural superior a la normal entre los religiosos de la época, discreto en todo momento, fray Fernando de Talavera resultaría decisivo en el reinado de Isabel, de quien fue primero confesor y después consejero durante veintinueve años.

El 11 de febrero de 1482 Sixto IV, recabando para la Iglesia el derecho exclusivo de promover los autos de fe, nombraba a siete dominicos para el Oficio de la Inquisición; entre ellos, el bachiller en Teología fray Tomás de Torquemada.

El pabellón o tienda más suntuoso era el del marqués de Cádiz, quien lo puso a disposición de la reina Isabel para que se alojara en él cuando, en la primavera de 1491, llegó al campamento granadino. (Museo de América, Madrid.)

Cruzaron breves palabras los dos soberanos por mediación de un intérprete y Boabdil, tras besar las llaves de Granada, se las entregó a don Fernando; quien las pasó en seguida a doña Isabel, que se había aproximado al grupo con su séquito. («La rendición de Granada», por Pradilla.)

Decidió Colón, desilusionado, marchar a Francia, pero al pasar antes por el convento de La Rábida (en el grabado) los buenos frailes le suplicaron a que aguardase, por última vez, los resultados de la gestión que inmediatamente realizarían cerca de los reyes, a la sazón afanados en la toma de Granada. La gestión tuvo resultado.

Pocas semanas antes de conseguir la recuperación del Rosellón y la Cerdaña don Fernando ha estado a punto de perder la vida, en Barcelona, víctima de un atentado. (Antes, durante la toma de Granada, había salido ileso de otro, así detallado en la sillería del coro de la catedral de Toledo.)

Cisneros (en el grabado), con un profundo misticismo del todo compatible con una energía indomable, culminaría la reforma eclesiástica excediéndose, en ocasiones, de las autorizaciones pontificias. Al morir el cardenal Mendoza en 1495, Cisneros, no sin resistencias por su parte, pasó a sucederle en el arzobispado de Toledo.

Pedro Mártir de Anglería escribió que con la muerte del príncipe Juan (aquí retratado por Hernando del Rincón) se «enterraba la esperanza de España entera». La imaginación popular habló, desde un principio, del «príncipe que murió de amor...».

Especial realce alcanzó, en 1496, la boda de la infanta Juana con el archiduque Felipe de Austria, «el Hermoso». Matrimonio, además, trascendental desde el punto de vista político, puesto que suponía la unión de dos grandes familias reinantes en Europa.

En carta que los Reyes Católicos envían al Gran Capitán (en el grabado) le recriminan, por las noticias que les llegan, sobre «los muchos malos tratamientos» dados a las gentes del recién conquistado Nápoles. Por estas fechas (verano de 1504) **el rey y la reina están enfermos...**

... Don Fernando se sobrepondría pronto; en cambio, Isabel comenzaba a recorrer un penoso camino de dolorosas curas, inútiles remedios y estériles atenciones que, meses después, la llevarían hasta la tumba.

nombre de *Santa Fe*, en atención a la causa que estaban defendiendo. El efecto sicológico de esta obra respecto de los sitiados en Granada fue tremendo: les convenció de la firme decisión de los cristianos de no cejar bajo ningún pretexto en su empeño por tomar la capital mora. Santa Fe fue construida en ochenta días; era una villa cuadrangular, tenía 400 pasos de larga por 312 de ancha y la atravesaban dos espaciosas calles, que cortadas en el centro por una plaza, formaban la cruz. En cada manzana se colocó una inscripción, recordando la procedencia de los albañiles, artesanos y soldados que allí habían trabajado. Los muros estaban totalmente blanqueados y tenían cuatro puertas de acceso.

El 14 de julio, la reina se disponía a acostarse —residía aún en el pabellón del marqués de Cádiz— y mandó a su doncella que cambiase de sitio una vela, cuya luz le molestaba. Al cabo de un tiempo, debió caer al suelo y prender en unas telas, pues la tienda comenzó a arder y las llamas, impulsadas por el viento, se propagaron a las cercanas y un enorme incendio devoró el campamento. En traje de dormir, salió corriendo la reina en busca del rey y éste, a medio vestir, montó con ella a caballo, alejándose del peligro. La confusión era muy grande; pensaban los moros que se trataba de un ardid de los sitiadores y éstos, por su parte, achacaban el fuego a un sabotaje enemigo. Afortunadamente, las llamas pudieron sofocarse y los tres mil hombres de a caballo que Fernando apostó en lugares estratégicos, temiendo un ataque, no tuvieron que intervenir. Sólo hubo que lamentar la pérdida de muchas tiendas, ropas y joyas.

Pasado el susto, restablecióse el orden en el campamento, al tiempo que se aceleraba la construcción de la ciudad de Santa Fe, donde residirían los reyes y su corte, los nobles y capitanes del ejército y las unidades más selectas de éste. Seguían las escaramuzas y las talas; pero ya no hubo batallas de tanta importancia como la de Zubía, librada el 18 de junio, única verdaderamente seria de todo este período. La reina había pedido ver de cerca Granada, y con el rey, el príncipe y sus damas, fue hasta la aldea de la Zubía, muy cerca de Granada; allí, desde una casa de la vega, estuvieron contemplando la anhelada ciudad, que tenía entonces una población de 200 000 habitantes. Por delante habían desplegado las fuerzas de protección, con orden de no hostigar a los moros.

Pero debieron imaginar éstos que se preparaba un ataque e hicieron una salida impetuosa, con peones y caballos e incluso dos piezas de artillería. Enzarzóse así una tremenda lucha y mientras las tropas combatían con enorme ardor, la reina y sus acompañantes, puestas de rodillas, rezaban devotamente. Hasta que los soldados españoles consiguieron hacer retroceder a los mulsulmanes, que terminaron refugiándose en el interior de Granada, después de dejar más de seiscientos muertos en el campo. En señal de gratitud, Isabel ordenó construir en un bosquecillo de laureles próximo a aquel lugar, un convento puesto bajo la advocación de san Luis, rey de Francia.

A partir del otoño, la actividad diplomática se impone a la militar. Comienzan los tratos, más o menos secretos, con Boabdil, en busca de una rendición pactada. Muy hábiles estuvieron, como siempre, los negociadores castellanos, sabiamente adoctrinados por don Fernando; y tras distintas vicisitudes y no pocas dificultades, el 25 de noviembre se establecieron las capitulaciones, muy extensas y ciertamente generosas para los vencidos, consecuencia de las cuales fue la solemne toma oficial de Granada, el 2 de enero de 1492.

Aquella jornada histórica ya la conocemos.

CAPÍTULO SÉPTIMO

De cómo Isabel y Fernando apoyaron a un tozudo llamado Colón para que (sin enterarse) descubriera un nuevo continente y de la drástica expulsión de los judíos y del atentado contra el rey y del esplendor jurídico y cultural de aquellos años

A veces conviene despojar el relato histórico de la terminología solemne y por lo general un tanto pedante con que suele presentarse. Voy a permitirme la licencia de escribir que la primera impresión que los Reyes Católicos debieron tener de Cristóbal Colón, fue la de que se trataba de un pelmazo algo chiflado aunque, eso sí, con buenas recomendaciones. Al anochecer de un día cualquiera, después de una jornada fatigosa, con muchas audiencias y más de un problema grave por resolver —quizá habían llegado noticias poco gratas del frente granadino—, Fernando comentaría con su esposa, mientras aguardaban la hora de la cena en la sala de lectura del palacio:

—Por cierto, el italiano que recomienda fray Antonio de Marchena insiste en que le concedamos nueva audiencia. Me refiero, ya lo supondréis, al llamado Colón.

—En verdad que es tan tozudo y constante en sus ideas, que bien parece aragonés como vos... —pudo contestar Isabel, con una de sus dulces sonrisas.

—Sí. Tenacidad le sobra. Lo mismo que fantasía. Los doctores de Salamanca, que estudian su proyecto de llegar a las Indias por Occidente, atravesando la Mar Ignota, califican la idea como descabellada.

—Sin embargo, el preceptor de nuestro hijo Juan, fray Diego de Deza, tan virtuoso dominico, cuanto estudioso de las ciencias, la reputa digna de consideración.

—Vos, mi querida Isabel, gustáis siempre de favorecer al débil. Sin duda por ello, el tal Colón ha merecido vuestra compasión y bien sé que cuidáis de proveer sus necesidades.

—Conocí su situación apurada y va para cuatro años, a raíz de la primera audiencia que le concedimos, ordené que le entregasen tres mil maravedís. Posteriormente le ayudé en varias ocasiones. No quisiera que se alejase de nuestra corte.

—No seré yo quien censure vuestro talante caritativo, aunque en este caso me parezca más bien prodigalidad.

—¿Y si ese italiano tuviera razón, mi señor don Fernando? ¿Y si acertara en lo que con tanta seguridad y firmeza nos cuenta, sobre las cartas de navegar que él mismo ha trazado?

—Vuestro muy respetado confesor, fray Hernando de Talavera, no opina así.

—Tratárase de cuestión del espíritu y el juicio de fray Hernando, ciertamente desfavorable para Colón, me bastaría. Mas la mucha virtud y los infinitos conocimientos del monje jerónimo en lo tocante al dogma y a la cristiana fe, no suponen igual sabiduría en materias de cartografía y navegación.

—Olvidáis además que el tratado que firmamos con Portugal en 1479 condiciona la navegación de nuestros barcos por la Mar Océana...

—Sabios son los juristas del Consejo Real; sin duda que sabrían encontrar solución para ese problema.

—Dispensad mi escepticismo; para mí, el italiano no es más que un visionario, un iluminado, poseído de sus propias ensoñaciones. Insisto en el parecer de las varias juntas a las que encomendamos el cuidadoso estudio de sus planes.

Levantóse el rey; pasó su mano por la frente, cada vez más extendida por una calva que avanzaba implacable, hasta cubrir ya en buena parte la regia testa. Concluyó:

—La insistencia de los frailes franciscanos de La Rábida, e incluso de algunos nobles a quienes el italiano ha sabido convencer, me movieron a apurar en lo posible la consideración de su proyecto. Mas tengo para mí, Isabel, que la idea de alcanzar Cipango y Cathay por la ruta de Occidente, no deja de ser una locura. Además, ¿habéis reparado en que las teorías de Colón contradicen la Sagrada Biblia, al negar la indiscutible verdad de que la tierra y los cielos están extendidos como un cuero, tal como explica san Pablo? ¿Qué podría opinar la Inquisición si, despreciando los salmos, diésemos por buena la doctrina del italiano?

Entró la marquesa de Moya, suplicando licencia de los reyes para servir la cena. Preguntóle doña Isabel:

—¿Cómo juzgáis vos, mi querida Beatriz, al que llaman Cristóbal Colón?

—Con los debidos respetos, debo deciros que me parece persona de singular sabiduría, tan apasionado por sus proyectos de llegar a las tierras del Gran Khan por nuevos caminos, que ha llegado a interesarme en ellos.

Mientras ofrecía su brazo a la reina, murmuró Fernando:

—Las mujeres gustáis en demasía de aventuras fantásticas. No cabe dudar, como bien decía mi esposa, de la terquedad de ese italiano, que lleva más de cuatro años empeñado en convencernos de la certeza de su iluminación. Meditad, empero, señoras mías, que lo único que agora debe preocuparnos es rematar cuanto antes y con la mayor gloria la conquista de Granada...

* * *

Cuatro años largos, sí, llevaba Colón acosando a los reyes. Desde que llegara al convento de La Rábida, acompañado por su hijo Diego, en el verano de 1485, en solicitud de pan y agua, extendida pronto a cobijo y hospitalidad, por la buena disposición de los padres franciscanos fray Juan Pérez y fray Antonio de Marchena. Eran ambos muy aficionados a la navegación y a la astrología y les interesaron en seguida los proyectos que les esbozó el visitante. Debió de afectarles también la mala ventura de aquel genovés de cerca de cuarenta años, que casó en Portugal con la hija del gobernador de la isla de Puerto Santo, en las Azores, había viajado mucho e incluso coincidía en sus ideas con el sabio cartógrafo italiano Pablo Toscanelli. Ya intentó conseguir la ayuda del rey Juan II de Portugal; pero los asesores del monarca calificaron el proyecto de quimérico. Viudo —al parecer, que no seguro— y pobre sin ninguna duda, pensó que quizá en España hallara comprensión y auxilios para poder llevar a cabo la empresa que le obsesionaba: arribar a las Indias por Occidente. Es decir: nada menos que demostrar que la tierra era redonda.

Alucinación; incluso herejía, se piensa entonces. Pero no faltan en Palos de Moguer quienes disienten del general criterio. Y dos amigos de los franciscanos, el piloto

Velasco y el médico Garci Fernández, les animan para que protejan al italiano. Como fray Juan ha sido confesor de la reina Isabel, tiene buena relación con su sucesor en el puesto, fray Hernando de Talavera y envía a Colón a Córdoba, donde aquél se encuentra, con cartas de presentación. Vano intento; el pío jerónimo no consigue interesar a nadie en la Corte. Insiste el padre Marchena, esta vez cerca del muy poderoso cardenal Mendoza, que recibe a Colón y no puede evitar el impacto de sus teorías, tan apasionadamente expuestas. Hasta el punto de que gestiona una audiencia con los Reyes Católicos, en 1486.

Escucharon éstos con más curiosidad que convicción las explicaciones del extraño genovés y le remitieron al dictamen de una junta de geógrafos, matemáticos y teólogos, que presidida por fray Hernando de Talavera, conoció el proyecto de labios de su patrocinador, para después estudiarlo. El dictamen fue negativo; pero la reina Isabel no quiso romper definitivamente las negociaciones y mantuvo a Colón en sus reinos, prestándole distintas ayudas económicas. Además, contaba don Cristóbal con el apoyo de algunos nobles, a quienes habían interesado sus planes: Alonso de Quintanilla, contador mayor de Castilla, doña Beatriz de Bobadilla y el financiero valenciano, judío converso, Luis de Santángel.

Fue trampeando así varios años, al tiempo que perfeccionaba su proyecto, consiguiendo involucrar también en él a fray Diego de Deza, profesor de teología en la Universidad de Salamanca y preceptor del príncipe Juan. Logró éste que los dominicos del Colegio Mayor salmantino de San Esteban, donde cursaban estudios varios miles de jóvenes, le invitasen a pasar unos meses en su compañía, durante los cuales defendió a fondo sus planes, muy enriquecidos ya en detalles, con los doctos frailes de la institución. Animado por ellos y por su especial recomendación, volvió a visitar a los reyes en Baza, en 1489, sin obtener tampoco ninguna promesa firme. La guerra de Granada constituía entonces su única preocupación y nuevamente dieron largas al tema.

Probablemente, Colón comprendió las razones de los monarcas que, por otra parte, procuraban atender en lo posible su sustento, expidiendo cédulas para que, en sus viajes, fuese hospedado gratuitamente e incluso invitándole en ocasiones a seguir con la corte las operaciones militares. Él se ayudaba, además, vendiendo estampas y cartas de navegar. Hasta que en 1491, ya cansado de esperar, instó para que se le diese una respuesta definitiva;

entonces, una junta reunida en la Universidad de Salamanca emitió un informe considerando irrealizable su proyecto.

Profundamente desilusionado, decidió Colón marchar a Francia, para exponer el plan al rey Carlos VIII; pero al pasar antes por el convento de La Rábida, para despedirse de sus primeros amigos y protectores en España, los buenos frailes le suplicaron que aguardase por última vez los resultados de la gestión que inmediatamente realizarían cerca de los reyes, a la sazón afanados en la toma de Granada. La gestión tuvo resultado; Isabel accedió a recibir de nuevo al tenaz navegante, librando una subvención para que se presentara en el campamento de Santa Fe.

Llegó Colón a tiempo de asistir a la rendición de Boabdil; días después mantenía una larga audiencia con los reyes, ofreciéndoles mucho más madurado el proyecto, de tal forma que lo aceptaron en principio e incluso nombraron una comisión para que acordase la forma y condiciones de llevarlo a cabo. Ensoberbecido por su éxito, el genovés solicitó tales mercedes y compensaciones que los comisionados las estimaron inaceptables y hasta ofensivas para la Corona. Tuvo entonces Colón uno de sus arrebatos de orgullo y marchó de Santa Fe sin despedirse siquiera de los reyes.

Enterada doña Isabel por Beatriz de Bobadilla, dio orden de salir en busca del irritado genovés, que fue alcanzado a dos leguas, cuando caminaba hacia Sevilla, a lomos de su mula. Había creído la reina, al fin, en la viabilidad del proyecto; pero, sobre todo, llegó a la conclusión de que podría financiarlo básicamente con fondos de la Santa Hermandad, sin que en principio hiciesen falta detraer de ellos algo más de un millón de maravedís. A cambio, la probabilidad de una nueva ruta hasta las Indias, con la consecuencia de espléndidos mercados, facilidad en la traída de las especias y, quizá, la posesión de islas aún desconocidas. Y en todo caso, unas posibilidades de expansión económica muy necesarias, después de la sangría que para las arcas del reino había supuesto la guerra de Granada.

Regresó, pues, Colón a Santa Fe y comenzaron las negociaciones que culminarían en un acuerdo por el que se les concedía a él y a sus sucesores el título de almirantes de Castilla; así como los de virrey y gobernador en tierra firme, teniendo derecho a percibir la décima parte de todas las riquezas o artículos de comercio que se obtuvieran, por cambio, compra o conquista dentro de su almirantazgo. Ejercería también la competencia judicial en los pleitos que en virtud de dicho comercio se plantearan y podía contribuir con la octava parte de los gastos de armamento de las naves, beneficiándose de sus rendimientos en la misma proporción.

Así comenzó a escribirse el capítulo más importante de la historia de la Humanidad, cuando ni Cristóbal Colón pensaba que iba a descubrir un Nuevo Mundo ni, en consecuencia, los Reyes Católicos podían hacerse idea de la gigantesca labor evangelizadora y de colonización que les aguardaba. Es indudable que la intervención de Isabel resultó decisiva para que llegasen a buen fin las largas deliberaciones con el genovés, en la misma medida que el tesón y la ciega confianza de éste en su proyecto le permitieron sobreponerse a todas las dificultades que se le enfrentaron. Pero la verdad es que uno y otra fueron los primeros sorprendidos por el alcance de una empresa que habían planteado con evidente ambición aunque sin calcular, siquiera remotamente, la trascendencia inmensa que iba a tener: nada menos que el descubrimiento de todo un continente. ¡Qué suerte —como siempre— la de Isabel! ¿O habrá que pensar una vez más en la providencia?

* * *

Son más que conocidas las circunstancias del primer viaje colombino. Elegido como puerto de partida el de Palos de Moguer, se impuso a la villa la obligación de armar dos carabelas a su costa; la tercera se sufragó con fondos de la hacienda castellana. Nave capitana, la *Santa María* llevaba a bordo 52 marineros; medía 128 pies de eslora y 26 de manga en el puente principal y la mandaba, naturalmente, Cristóbal Colón. La *Pinta* y la *Niña*, más pequeñas, con una tripulación cada una de 18 hombres, iban al mando de los hermanos Pinzón, Martín Alonso y Vicente Yáñez; ambos, prestigiosos marinos de Palos.

El 2 de agosto, por la mañana, Colón y sus hombres oyeron misa y comulgaron en la iglesia del convento de La Rábida; era primer viernes de mes. Bendijo fray Juan Pérez las naves y fueron izados en ellas la santa cruz y el estandarte real. El almirante levó anclas en la barra de Saltés, *en el nombre de la Santísima Trinidad.* Desde el primer día de su singladura, iba a anotar en un diario destinado a los reyes, todas las vicisitudes de la misma; allí escribió, como justificación del viaje: *Vuestras Altezas, príncipes católicos amantes de la fe cristiana y su difu-*

sión y enemigos de la secta de los mahometanos y de todas las idolatrías y herejías, han decidido enviarme a mí, Cristóbal Colón, a las regiones de las Indias, para ver a los príncipes y los pueblos y las tierras y saber su disposición y las medidas que pudieran adoptarse para su conversión a nuestra santa fe.

Del 3 al 9 de agosto, las embarcaciones navegaron rumbo a las islas Canarias. Fondearon en el puerto de Las Palmas, reparando averías y se lanzaron después a la gran aventura: la llamada entonces *Mar Ignota*, por el desconocimiento que de ella había. Las primeras semanas de la travesía fueron apacibles; después comenzaron a intraquilizarse las tripulaciones y santanderinos y gallegos amagaron un motín, severamente reprimido por los Pinzón. El hecho de que el viento fuera siempre favorable y hacia el Este había llenado de pánico a los marineros, que pensaron que jamás podrían regresar. El 13 de septiembre, Colón se sobresalta: la aguja de su brújula cambia de orientación y marca *otro Norte*, en dirección al Noroeste; fallan todos sus cálculos. A partir de entonces se ayudará de las estrellas para mantener el rumbo que se ha señalado.

Se sortean lluvias, nieblas, temporales: los bancos de algas del mar de los Sargazos dificultan seriamente la navegación. Demasiados problemas para un marinero de no excesiva práctica, como Colón; le resulta decisivo en esos momentos críticos el auxilio de Martín Alonso Pinzón. Cuando mayor es su desfallecimiento moral, el vuelo de unos pájaros no marinos levanta su ánimo: ya no puede estar lejana la costa. Aún pasan tres días sin otros horizontes que la mar infinita; hasta que en sus aguas se ven flotar cañas, un bastón labrado, una rama de árbol con fruta. Esa noche, el almirante la pasa en vela; cree distinguir una luz en lontananza. Al amanecer del siguiente día, un grito entusiasmado surge de las tres carabelas: *¡Tierra!* (Aunque suele contarse que el primero en avistar la costa y anunciarlo fue el marinero Rodrigo de Triana, otros autores adjudican la gloria a quien llaman Juan Rodríguez Bermejo, que montaba guardia en la proa de la *Pinta*. Según el cronista Fernández de Oviedo, el voceador fue un marinero, natural de Lepe, que iba en la *Santa María*, al que aclaró Colón *rato ha que yo lo he dicho y he visto aquella lumbre que está en tierra.* ¿Acaso querría don Cristóbal que nadie le arrebatara el honor de anunciar antes que nadie la feliz nueva?)

En unas chalupas, Colón, vestido con elegante traje

de púrpura y los hermanos Pinzón y numerosos marineros, se dirigieron a la costa, desde donde les veían llegar, con curiosidad y temor, grupos de indígenas desnudos. Descendió el primero don Cristóbal, con la espada en una mano y clavó en las arenas de la playa la bandera de los Reyes Católicos, que llevaba en la otra. Hincóse después de rodillas, junto con todos sus acompañantes y dio gracias a Dios por haber llegado a aquellas costas, de las que tomó posesión en nombre de Castilla y sus soberanos. Estaba —sin saberlo aún— en la isla de Guanahaní, una de las que forman el archipiélago de las Bahamas; más tarde la bautizaría como San Salvador.

Ocioso será decir que se vivía el día 12 de octubre de 1492.

* * *

Pero dejemos a Colón y sus hombres, gozando del júbilo de haber llegado a unas tierras cuya verdadera identidad todavía desconocen y regresemos a España, donde tantos acontecimientos tenían que producirse en aquel año. Pues entre la conquista de Granada y la llegada de las tres carabelas al Nuevo Mundo, iba a tener lugar otro hecho histórico de trascendental importancia: la expulsión de los judíos. Cuestión siempre vidriosa y profundamente controvertida por los historiadores, que conviene aclarar en seguida que nada tuvo que ver con la represión antisemita, de signo racista, practicada casi cinco siglos después por la Alemania nazi.

No sería justo acusar a los Reyes Católicos de mantener una actitud preconcebida contra los judíos. Incluso habían contado frecuentemente con sus servicios en la Corte, en importantes cargos, y la reina fue atendida por un especialista judío (hoy le llamaríamos ginecólogo), de nombre Lorenzo Badoç. Procuraron salvaguardar también las aljamas. La misma Isabel escribía en 1477: *Todos los judíos de mis reinos, son míos y están bajo mi amparo y protección y a mí pertenece los defender y amparar y mantener en justicia.*

Sin embargo, las restricciones legales para los judíos ya existían y venían de antiguo. En 1465 se les recuerda el incumplimiento por su parte de la obligación de vivir en las juderías o aljamas; llevar señales cosidas en las ropas que delaten su origen; no trabajar en público los domingos y festivos; no salir durante la Semana Santa, desde el mediodía del jueves hasta la mañana del sábado de gloria y limitar la adquisición de inmuebles. Medidas todas ellas preexistentes, que no se respetaban y que continuarían quedando en pura teoría.

Las Cortes de Madrigal, de 1476, insisten en la necesidad de que se cumplan esas leyes, de modo especial las referentes a la regulación de los préstamos —ya que muchos judíos se dedicaban a la usura— y su forma de vestir y demás señales externas. Acogiéndose a ello, los campesinos de Tierra de Campos pretendieron anular todos los contratos de préstamo que tenían suscritos con ellos, a lo que se opuso terminantemente la reina Isabel. De nuevo las Cortes de Toledo de 1480 afrontan el tema semita, ordenando que en el plazo de dos años, todas las juderías se reagrupen en barrios determinados, asegurando así la separación de los cristianos. Tampoco era una novedad: la ley existía desde 1411, en que fue dictada por las Cortes de Valladolid, pero nunca se había aplicado de hecho.

Semejante discriminación se basaba en motivos religiosos: para preservar la fe cristiana de peligrosas contaminaciones. Sin embargo, no se limitó la libertad de movimiento de los judíos, que siguieron regentando sus puestos en los mercados públicos y sus tiendas en las calles de los barrios cristianos y acudiendo normalmente a las ferias y haciendo sus negocios. Pero principalmente por esas razones religiosas, existía una indiscutible actitud antijudía en el pueblo. Recordemos una vez más que resulta imposible trasladar al siglo xv las ideas de tolerancia y convivencia que hoy encontramos normales (y aun eso, no en todos los continentes). Para los españoles, los judíos eran la raza deicida y maldita; nunca vieron con agrado que siguieran celebrando los ritos de su religión en las sinagogas, que en ocasiones profanasen la Eucaristía y aún menos, naturalmente, que, en algún caso, llegasen a cometer actos sangrientos, dentro de ese mismo ritual.

El odio popular se exacerbó, en ocasión del proceso seguido contra dos judíos y tres falsos conversos, acusados de haber crucificado en La Guardia a un niño cristiano, el día de Viernes Santo. Fueron declarados culpables y ajusticiados; la enorme difusión de aquellos hechos provocó unánimes reacciones en el pueblo. Tampoco hay que olvidar, por supuesto, las causas económicas: la dedicación de los judíos a los préstamos usurarios y su inveterada costumbre de tener sus tiendas abiertas los días de fiesta, que suponía competencia grave para los comerciantes cristianos. (Demos un salto hasta nuestros tiempos, para comprobar que ese mismo problema existe hoy, entre algunos grandes almacenes y los pequeños empresarios.)

Semejante clima social se agrava cuando, al entrar en funcionamiento los tribunales de la Inquisición, puede confirmarse la gran cantidad de judíos falsamente convertidos al cristianismo —los *anuzim*— como existen. Ello incrementa la reacción general contra los hebreos y villas y ciudades comienzan a tomar por su cuenta medidas gravemente discriminatorias, que los reyes intentan moderar, enfrentándose con las autoridades locales. Pero a la fuerza han de plantearse la necesidad de resolver globalmente el problema; y ante la situación de hecho y las quejas de toda índole que reciben, demostrativas de la existencia de un auténtico odio popular contra los judíos, deciden su expulsión.

El 31 de marzo de 1492, firman Isabel y Fernando el decreto, por el que se concede a los judíos residentes en sus reinos un plazo de cuatro meses para abandonarlos, ampliado después en nueve días: se cumplió de modo inexorable. Podían llevar consigo todos sus bienes, aunque sujetándose a la vigente legislación común, que prohibía la salida al extranjero de oro, plata, monedas y caballos. En consecuencia, se les sugería en el propio decreto convertir su dinero en letras de cambio. Naturalmente, para evitar la expulsión tenían los judíos un medio a su alcance, la conversión; y mucho empeño puso la reina en animarles a ello, por lo que se dio especial realce al bautismo de algunos hebreos importantes que aceptaron la fórmula, oficiando el sacramento el propio cardenal Mendoza y siendo padrinos, en varios casos, los mismos reyes. La gran mayoría de judíos, sin embargo, optó por abandonar España, permaneciendo fiel a su religión.

El éxodo fue patético. Aunque las fuentes no coinciden, puede cifrarse en unas 150 000 personas las que salieron, presas de gran exaltación religiosa, en carretas y a caballo o a pie, formando comitivas que marchaban entre cánticos místicos y llantos desgarradores. La aljama de Vitoria donó al municipio su cementerio de Judizmendi, con la única condición de que el lugar fuera dedicado a pastos y dehesas. Se cumplió con todo rigor y un monolito elevado en el centro del recinto —convertido en parque— recordaba su origen; allí se mantuvo hasta hace pocos años, en que la comunidad judía de Bayona relevó del compromiso al ayuntamiento vitoriano, en señal de agradecimiento por la actitud española en favor de los israelitas, durante la segunda guerra mundial.

Hubo desesperados intentos para que se revocara el decreto de expulsión, por parte de judíos notables, que mantenían cordial relación con la Corona; pero resultaron baldíos. Isaac ben Judah Abrebanel y otras fuentes hebreas cargan la máxima responsabilidad de la definitiva decisión en el rey don Fernando; cuentan que, al impetrar la benignidad de la reina, ésta les contestó:

—¿Creéis que esto proviene de mí? El Señor ha puesto este pensamiento en el corazón del rey; y el corazón del rey está en las manos del Señor, como los ríos de agua. Él los dirige donde quiere...

Frente a la abundante historiografía que ha juzgado con enorme severidad el decreto de expulsión de los judíos, autores recientes lo justifican como inevitable. Para fray Tarsicio de Azcona fue *una medida de estado perfectamente lógica.* Luis Suárez insiste en que los Reyes Católicos no eran, en principio, hostiles a los judíos; y que, lo mismo que habían hecho otros monarcas europeos (cita a Eduardo I de Inglaterra), los soberanos españoles consideraron imprescindible suspender el régimen de convivencia entre hebreos y cristianos, ante el riesgo de que el judaísmo, como doctrina religiosa tolerada, quebrantara la fe de la población. Ya en el siglo XIX, Amador de los Ríos había escrito que sería gran torpeza suponer que la medida fue inspirada por un momento de ira o por un arrebato de soberbia de los reyes, sino que la dictaron *con aquella tranquilidad de conciencia que nace siempre de la convicción de cumplir altos y trascendentales deberes.*

Parece, pues, claro, que no cabe hablar de racismo, sino más bien de una conciencia religiosa profundamente arraigada en Isabel y Fernando, del todo congruente con los criterios que la Iglesia Católica mantenía en aquel tiempo.

* * *

Ya están expulsados los judíos; ya se normaliza la vida en Granada, donde gobierna el conde de Tendilla y cuyo primer obispo es fray Hernando de Talavera; ya está en marcha la empresa colombina. Ciertamente, 1492 resulta un año fructífero: ¡a pesar de ser bisiesto! Los reyes pueden volver a su cotidiano quehacer político. En agosto están en Zaragoza y allí permanecen hasta octubre. El 18 de este mes llegan a Barcelona, desde donde Fernando presiona al joven monarca francés Carlos VIII para que devuelva a la Corona de Aragón el Rosellón y la Cerdaña. Con la promesa de ayudarse recíprocamente de todos sus enemigos, excepto si se trata del Sumo Pontífice, así como que España no entrará en coalición alguna contra Francia, el 19 de enero de 1493 firman un tratado y las deseadas comarcas son restituidas.

Las visitas del rey a Cataluña habían sido constantes en los últimos años, pues muchos problemas tenía el Principado pendientes de solución. El de la *remensa* afectó gravemente a los *payeses* y sus enfrentamientos con la nobleza señorial y sus revueltas contra los *malos usos* que éstos hacían de sus privilegios provocaron tensiones graves. Pero además, la economía catalana y muy especialmente, la de Barcelona, atravesaban momentos difíciles, de agudizada crisis. Varias reuniones de Cortes trataron sobre ella; reformó Fernando autoritariamente los sistemas de designación de los *consellers*, pretendiendo dar así mayor eficacia a su labor; fue nombrada la reina Isabel mediadora entre los procuradores y el monarca, para resolver acerca de los *greuges* —agravios— de aquéllos. Finalmente, tras largas discusiones, aplazamientos y modificaciones, entró en vigor el *redreç*, que era un auténtico *plan de desarrollo*, con el que se buscaba remontar la economía de Cataluña y salvar el *desgavell* —desequilibrio— de sus finanzas. Tuvo tres hombres clave: Juan Ros, Ramón Marquet y Jaume Destorrent y su López Rodó —para entendernos— fue Pere Coromines. Diversas medidas —reajustes de gastos, aumentos contributivos, prohibición de importar paños de Sicilia, confirmación del monopolio sobre el coral, etc.— surtieron efecto y hacia 1493 comenzó a mejorar la situación; coincidiendo, además, con la recuperación del Rosellón y la Cerdaña.

Pocas semanas antes de conseguirla, don Fernando ha estado a punto de perder la vida, víctima de un atentado. Salía de presidir un tribunal de justicia en la plaza del Rey —era viernes— y cuando bajaba por las escaleras, charlando con los nobles, un individuo se abalanzó contra él, espada en ristre, hiriéndole en la parte posterior del cuello. Trasladado con premura a un aposento del mismo palacio, el doctor Guadalupe diagnosticó suma gravedad en la herida; aunque por fortuna, una gruesa cadena de oro que siempre llevaba colgada desvió el golpe. Al comunicárselo a la reina, sufrió un desmayo; pero se repuso pronto y corrió junto a su marido.

La noticia se difundió rápidamente por Barcelona; incluso, como ocurre en tales casos, exagerando la realidad, al asegurar que corría peligro inminente la vida del monarca. La reacción popular fue inmediata; lanzáronse a la calle los barceloneses, vitoreando al rey y exigiendo la muerte del agresor. Era éste un labrador de los llamados *de remensa* —payeses siervos, que alcanzaban la libertad pagando una *redimença*— que sometido a tortura, manifestó que había querido matar a Fernando porque le había usurpado una corona que a él pertenecía.

Fue recuperándose de sus heridas don Fernando, solícitamente atendido en todo momento por Isabel, que escribió cartas muy sentidas a su siempre respetado fray Hernando, contándole lo sucedido y recabando sus consejos. En la primera de ellas, tras meditar *cómo los reyes, igual que los demás hombres, están expuestos a mortales accidentes, lo cual es razón por la que deben estar siempre preparados para la muerte*, reconocía lo mucho que había sufrido al verla tan de cerca en su marido y en consecuencia *quisiera estar en otras disposiciones que en las que estaba en ese momento, particularmente respecto a mis obligaciones*. Por ello encomendaba a su confesor que *se informara de todos los casos en que parezca que debe darse restitución o satisfacción a personas interesadas y cómo puede efectuarse esto; enviadme un memorándum y será para mí la mayor paz del mundo tenerlo. Y teniéndolo y conociendo mis deudas, trabajaré para pagarlas*.

Hubo noticias de Colón durante la convalecencia del rey; mas no directas a éste, sino remitidas a don Luis de Santángel y a don Guillermo Sánchez, también judío converso y acaudalado comerciante. Contaba el almirante cómo, a los treinta y tres días de su partida, había llegado al mar de la India y descubierto varias islas muy hermosas adornadas con variedad de árboles que se ofrecían tan verdes y florecientes como en España en el mes de mayo. Y que los habitantes estaban tan desnudos como su madre los parió; eran tímidos, pacíficos, honestos y tan generosos *que dan su algodón y su oro, como idiotas, por un pedazo de vidrio, cascos, herraduras y naderías*, si bien precisaba *haber prohibido tal tráfico por razón de su injusticia*.

En marzo se supo que Colón, tras entrar antes en el puerto de Lisboa, empujado por una tormenta, había llegado a Palos, pero no a bordo de la *Santa María*, perdida al encallar en Haití, sino en la *Niña*. Martín Alonso Pinzón, que fue llevado por el temporal hasta Bayona, en Galicia, también estaba de regreso, con la *Pinta*. El 30 de ese mes, los reyes dictaron una cédula ordenando al almirante que acudiera a Barcelona, donde se hallaba —como sabemos— la Corte. Y se dispusieron a recibirle con el ceremonial que su hazaña merecía.

* * *

Los tronos de Sus Majestades se han colocado frente a la fachada de la catedral; están cubiertos por un dosel de brocado de oro. Isabel y Fernando, que los ocupan, tienen a sus lados al príncipe Juan y al cardenal Mendoza. La comitiva, multicolor y brillante, va avanzando lentamente hacia ellos, entre los vítores del gentío. En cabeza, seis jóvenes indios, con rústicos taparrabos, pintados los rostros en los que se refleja el asombro que la gran ciudad les produce. Después, los marineros que han regresado —allá quedaron parte de sus compañeros—, portando en las manos extraños pájaros de vivos colores; animales exóticos nunca vistos; enseres y objetos típicos y armas de los indígenas. Por último, Colón, a caballo, erguido el cuerpo, la cabeza muy en alto, agradeciendo con el gesto de sus manos las aclamaciones. El almirante viste con brillantez su cargo: jubón de seda carmesí, calzas grises, chapines con hebilla de plata, un manto de terciopelo granate y gorro a juego.

Descabalga al llegar frente a los reyes; se destoca, les saluda con una inclinación de cabeza y después, hace ademán de arrodillarse, para besar las manos de Isabel. Pero la reina no se lo permite y don Fernando le indica que se siente junto a ellos, en el sillón que tiene preparado; honor singular, que sólo se concede a los príncipes de sangre. Claro que el almirante, en este día, es tan importante como el más preclaro de los príncipes. Aquel italiano *pelmazo y un poco chiflado* resulta que tenía razón y ahora saborea el placer incomparable de ufanarse de ello ante tantos sabios oficiales que se la negaron.

Y con voz grave, comienza a narrar sus aventuras. Lo hace eliminando detalles, que ésos ya los encontrarán Sus Altezas en el *Diario* que para ellos ha ido escribiendo; omite también ciertos acontecimientos que la discreción le obliga a callar, como el engaño en que tuvo a la tripulación, cuando desesperaba por la tardanza en avistar tierra, y él le mentía en cuanto a las millas que llevaban recorridas, reduciendo grandemente su número. Cuenta las jornadas azarosas de la navegación; la llegada a Guanahaní; después a Cuba, tan fértil, tan variada en productos de la tierra; más tarde a Haití, a la que llamó *La Española*, maravilla de la naturaleza, donde mucho se puede sembrar y edificar y donde los ríos, grandes y caudalosos, arrastran oro en sus aguas. Describe a los nativos, muy bien hechos, de hermosos cuerpos y rudas caras, los cabellos largos y gruesos, como sedas de cola de caballo. Buenas gentes, aunque pobres y desconocedores de los avances de la técnica y de la cultura. Y sobre todo —el almirante se dirige especialmente a la reina—, almas que nada saben de la verdadera religión y a las que será fácil atraer al cristianismo, para que se conviertan en buenos servidores del Señor.

Termina su relación; los reyes y con ellos todos los presentes, se postran de rodillas y cantan un *Te Deum* en acción de gracias. Después, en cordial y ya íntimo paseo, Colón acompaña a los soberanos hasta palacio, donde recibe el honor de sentarse en la real mesa. Y otras mercedes más sustanciosas: se le ratifica a perpetuidad su almirantazgo y todas sus prerrogativas, concediéndole además el privilegio de utilizar el título de *Don*. Título ciertamente desacreditado con el tiempo y hoy usado a discreción; pero que en el siglo XV sólo se daba a reyes, prelados, infantes, maestres de órdenes militares y grandes señores o *ricoshomes*; o en premio por destacadas hazañas, como le ocurrió al alcaide de los Donceles, así distinguido por haber hecho preso al rey Boabdil.

La primera persona a quien Isabel y Fernando comunicaron la feliz nueva fue al papa Alejandro VI, su antiguo amigo, el otrora cardenal Rodrigo Borja. Quien poco después, y a expresa petición de aquéllos, intervendría decisivamente para que se constituyera el dominio formal de los Reyes Católicos sobre las tierras descubiertas por Colón. A una primera bula, *Inter caetera*, promulgada el 3 de mayo de 1493, siguieron otras cuatro, llamadas en su conjunto *alejandrinas*, por su autor o *indianas*, por su objeto; en todas ellas se adjudicaba a Castilla (no a Aragón) el derecho de posesión sobre esas nuevas tierras, así las descubiertas como las que en el futuro pudieran serlo, delimitándose las líneas de demarcación respecto de Portugal (y en favor de los intereses castellanos) e imponiendo la obligación de enviar misioneros para evangelizar a los indígenas. De este modo, la sanción pontificia —decisiva en la época— dejaba fuera de discusión el que pudo ser arduo problema acerca de la titularidad jurídica del Nuevo Mundo. Fue quizá el mayor triunfo de la diplomacia de los reyes.

En el natural clima de euforia propiciado por el éxito del viaje colombino, comenzó en seguida a organizarse otro. Este segundo, al decir de Morales Padrón, vino marcado por la confianza que ya daba ir sobre seguro, se preparó y desarrolló con gran sentido práctico, pero también llevó consigo recelos y disgustos. De su realización se encargó un experto en la administración real: el clérigo Juan Rodríguez de Fonseca, quien ejerció las funciones que hoy llamaríamos de *comisario*. En esta ocasión, por supuesto, no hubo problema alguno para reclutar tripulación; antes al contrario, se presentaron muchos más candidatos de los necesarios. Según Washington Irving, allí estaban el hidalgo que iba en pos de nobles empresas; el altivo navegante que deseaba conseguir laureles; el vago aventurero; el especulador ladino. Y, por supuesto, muchos frailes que embarcaron con un solo fin de carácter espiritual: la evangelización de los indios infieles.

Indios les decían, pues seguía creyéndose que aquellas tierras eran asiáticas y por eso se las llamaba Indias Occidentales. Para esta segunda expedición se fletaron nada menos que 17 navíos, con una tripulación en total de 1 500 personas, contando entre ellas a los no marineros. Naturalmente, Cristóbal Colón iba al mando de la flota; pero le acompañaban gentes ilustres, que después resultarían fundamentales en el buen fin de la empresa: Juan de la Cosa, el cartógrafo montañés; los capitanes Alonso de Ojeda y Ponce de León; el médico Diego Álvarez Chanca, que sería esta vez el encargado de relatar el viaje y fray Bernardo Boil, como delegado apostólico. Partieron todos de Cádiz el 23 de septiembre de 1493; el 28 de noviembre avistaron el fuerte de Puerto Rico, casi destruido. Allí se levantó la primera ciudad del Nuevo Mundo, a la que llamaron Isabela, en homenaje a la reina.

Siguió Colón hacia Cuba, terco en su criterio de que aquello era el continente asiático; a lo largo del viaje fue tocando sucesivamente en la Dominica —así llamada porque llegó en domingo—, la Marigalante —homenaje al nombre de la que era esta vez su nao capitana—, Guadalupe —como recuerdo a la Virgen extremeña—, y otras muchas islas e islotes. En febrero de 1494, el grupo de la expedición inició su regreso a España; en el Nuevo Mundo quedaban misioneros, militares y colonos, comenzando una tarea tan apasionante como difícil, cuyas sucesivas fases eran claras: descubrimiento, toma de posesión, conquista —pacífica o violenta—, colonización, evangelización.

* * *

La expansión de los dominios de Isabel y Fernando hasta más allá de la *Mar Ignota* iba acompañada en España por una febril actividad legislativa, política, administrativa y cultural. Una vez más asombra la capacidad de trabajo de Isabel y Fernando y su moderna visión de los problemas del reino. Infinitas pragmáticas, cartas, ordenanzas y cédulas reglamentaron los más mínimos detalles de la cotidiana actividad ciudadana. Entre las promulgadas de 1492 a 1495 merecen ser citadas las reguladoras de los estudios en la Universidad de Salamanca; pleitos de hidalguías; apelaciones a las justicias ordinarias; penas contra los blasfemos; precio de mulas y acémilas; requisitos para que los letrados ocupen cargos en la justicia; impuestos para boticas; privilegios de los clérigos; fiscales de audiencias; normas para medida y venta de paños, brocados y sedas nacionales y extranjeras; provisión de cátedras; ordenanza sobre dorado y plateado en hierro y cobre; formas de elección de alcaldes; ordenanzas de abogados y procuradores; reglamento de pesas y medidas; propiedad de montes; castigo de los pecados *contra natura*; o de extradición de malhechores con Portugal; multas por juegos prohibidos; ordenanzas para los tundidores, tejedores y pellejeros de Haro y Córdoba; exención de derechos en la importación de libros extranjeros; regulación de las plantaciones de viñas; exámenes para barberos; construcción de un muelle en Rentería y de una lonja en Medina; ordenanzas para los zapateros y curtidores de Madrid; repoblación de arboledas; normas para la votación de los Concejos...

Como se ve —y tan sólo se ha recogido parte de ella—, una legislación que poco tiene que envidiar a la que hoy promulgan los Estados modernos y que abarca desde cuestiones de administración local a otras universitarias, agrícolas, fiscales, penales y de obras públicas, sin olvidar las ordenanzas laborales y el problema *gay*, y una ejemplar atención a la cultura, en esa exención de impuestos para la importación de libros, que tanto se echa a faltar en nuestro tiempo.

Esa cultura tenía sus centros máximos en las Universidades de Salamanca, Alcalá de Henares, Valladolid y Zaragoza, donde impartían sus lecciones eruditos italianos que la reina había hecho venir: los hermanos Geraldinos, Pedro Mártir de Anglería, Lucio Marineo Sículo. La propia Isabel daba muestras de sus inquietudes culturales, afanándose en aprender latín; fue su maestra Beatriz Galindo, llamada por eso *la Latina*. El ejemplo cundió entre las principales damas de la nobleza, que se entregaron con ilusión a los estudios. Así ocurrió que, contra las costumbres imperantes hasta entonces, la mujer accedió a las aulas. Y muchos nobles —entre ellos el duque de Alba— a la docencia.

En 1487 ya se había manifestado esta preocupación cultural de Isabel, al dirigir una carta-orden a la ciudad de Murcia —precisamente el día de Navidad— ordenando que se eximiera de toda clase de impuestos a Teodorido Alemán, uno de los primeros impresores que en España habían comenzado a aplicar el reciente invento de Gutenberg, *por ser uno de los principales inventores y factores del arte de hacer libros de molde,* medida desgravadora de la que bien podría tomar debida nota el actual ministerio (que llaman) de Cultura. Gracias a ella, extendida pronto a los demás reinos, la imprenta alcanzó rápida y brillante difusión en todos ellos.

Se publicaron así traducciones de Plutarco, de César, de Plauto, de Juvenal, de Ovidio, de Dante, de Petrarca, de Erasmo y una *Biblia políglota* de gran interés. Antonio de Nebrija editó su *Gramática castellana* y un Diccionario de la lengua, el primero de que hay memoria. Rodrigo de Santaella, un Vocabulario. La aparición de colecciones de Cancioneros fomentó la afición a la poesía, popularizándose autores pasados y contemporáneos: Jorge Manrique, el marqués de Santillana, López de Haro, Antón *el Ropero...*

Mas no hay dicha completa ni rosa sin espinas: también los Reyes Católicos establecieron, por Real Cédula, la censura de libros. Aunque con la intención, no sólo de preservar la fe cristiana y la moral pública, sino también de evitar malas traducciones e incluso el falseamiento de los textos. Establece la disposición que *por cuanto muchos de los libros que se venden en el Reyno son defectuosos o falsos o apócrifos o están llenos de vanas o supersticiosas novedades, en adelante no se podrá imprimir ningún libro sin especial licencia del Rey o de persona por Él debidamente autorizada.*

También es verdad que una censura en el siglo xv, con la Inquisición por medio, tenía bastante más justificación que las muchas que después hemos padecido.

CAPÍTULO OCTAVO

Noticia de dos singulares personajes, El Gran Capitán
y el cardenal Cisneros; de los nuevos viajes de Colón;
de la reforma de las órdenes religiosas, y de la expulsión
de los moriscos

1492, el glorioso bisiesto, supondría también el comienzo
de la expansión española por Europa, con las primeras
campañas de Italia. Aunque justo sea reconocer que en
ellas tuvo mayor influencia Fernando que Isabel; quizá
porque la reina estaba por entonces más preocupada con
su guerra espiritual que con la de los ejércitos que marchaban a Italia. La elevación al solio pontificio de Rodrigo Borja, que con el nombre de Alejandro VI había
sucedido a Inocencio VIII en el Papado, le animó a plantear con toda energía una de sus más antiguas obsesiones:
la reforma de los monasterios y las órdenes religiosas españolas.

Muchos ilustres cortesanos morirían aquel año; de
ellos y sus trayectorias políticas, a menudo zigzagueantes,
hemos tenido anterior noticia. Fallecieron sucesivamente
el condestable de Castilla; y don Pedro Enríquez, adelantado de Andalucía; y sólo con tres días de diferencia,
aquellos que fueron grandes enemigos, aunque después
se reconciliaran en los primeros tramos de la guerra granadina: el duque de Medina-Sidonia y el marqués de Cádiz. Finalmente, el otrora todopoderoso don Beltrán de
la Cueva, gran favorito de Enrique IV, dijeron que amante
de la reina, dijeron que padre de la princesa Juana, dejaba este mundo (que ciertamente, no había sido para él
valle de lágrimas) el día de Todos los Santos del mismo
año 1492.

* * *

Carlos VIII de Francia tenía, desde tiempo atrás, vehementes intenciones de conquistar los estados italianos, fragmentados y a menudo enfrentados entre sí. Se decidió a intentarlo, a raíz de la elección del nuevo Pontífice, que había supuesto hondas connotaciones políticas y no mereció el asenso de buena parte de los príncipes cristianos ni la simpatía de los romanos. Tampoco podía esperarse otra cosa, habida cuenta de la poco ejemplar vida privada del papa Borja, que mantenía relaciones adúlteras con Vanozzia, mujer de Domenico Arignani, un grande de Roma, y con ella había tenido tres hijos y una hija, a quienes engrandeció de continuo, llegando a nombrar a uno, César —de tan siniestro historial—, obispo de Pamplona; después, arzobispo de Valencia y finalmente, cardenal. Parece lógico, pues, que Alejandro VI fuese recibido con reticencias.

Para los reyes de España era, sin embargo, el Papa de la Iglesia Católica y como tal merecía su respeto, su sumisión y su apoyo. Aunque —ya lo veremos— no aprobasen su conducta licenciosa. Por eso, cuando Carlos VIII invade Italia y llega, incluso, a tomar Roma, obligando al Pontífice a refugiarse en el castillo de Sant Angelo, Fernando aprovecha la ocasión y, a la vez que sale en su defensa, comienza a organizar una coalición contra el monarca francés —la que acabará llamándose *Liga Santa*— y termina, con el tiempo, por incorporar a la Corona de Aragón el reino de Nápoles. De la campaña en Italia —que será larga— hay que destacar el talento negociador del rey, que una vez más se acredita como diplomático consumado y el valor personal y las dotes militares de Gonzalo Fernández de Córdoba, de quien bien puede decirse que introdujo tales novedades en el arte bélico, que merece ser considerado —y así lo ha sido— como el precursor de la guerra moderna.

Había nacido en Montilla, Córdoba, en 1453; dos años después que la reina Isabel. Era un buen mozo, de anchos hombros, perfil de medalla y modales nobles. Simpático, galante y elegante, cortés, seductor, de fuerte voz —*voz furiosa*, la calificaría el cronista Pérez del Pulgar—, chistoso y, sin embargo, muy serio en todo lo referente a su oficio de las armas, con una autoridad que imponía sin violencia, y lacónico —cordobés— en lo tocante a las órdenes y a las decisiones. En la corte de Segovia, muy joven aún, ya admiraba por su destreza en torneos y paradas; tiraba las armas a la española y a la morisca y algún maledicente aventuró que la reina Isabel le miraba con muy buenos ojos —sin merma de su indiscutible castidad— y que en algún momento, ello provocó la envidia —nunca los celos— del rey.

Peleó en la guerra civil y sus primeros éxitos sonados iba a conseguirlos en la de Granada, no sólo en los campos de batalla, sino también en las discretas antesalas de la diplomacia: su dominio del árabe y su antigua amistad con Boabdil le permitieron rendir importantes servicios a la Corona. Fue retribuido con largueza, recibiendo tierras y honores, y llegando incluso a suceder al conde de Tendilla, su maestro en táctica y estrategia, como gobernador de la plaza granadina. Pero sobre todo, comenzó a ser llamado con el nombre que para siempre le distinguiría: *El Gran Capitán*.

Al llegar la guerra de Italia, Gonzalo tiene poco más de cuarenta años; don Fernando no duda en designarle jefe del primer ejército expedicionario, formado por cinco mil infantes y seiscientos caballeros. No es, en verdad, una fuerza poderosa; pero El Gran Capitán hará milagros con ella, aunque pierda su primera batalla en Seminara, contra el señor de Aubigny. La única derrota: después todo serán victorias, conquistando las costas del mar Jónico, tomando Cosenza, Castilnovo, Castrovillari, Laino, Abella.

Reorganiza su ejército, lo dota de una importante artillería y más adelante, vuela en socorro del Papa, con ayuda de los refuerzos que le mandan de España, a cuyo frente aparece un poeta-embajador, Garcilaso de la Vega. Y Gonzalo entra en Roma, y a Alejandro VI, que le recibe emocionado, que le besa en la frente, que le concede en ese mismo momento la más alta recompensa pontificia, la Rosa de Oro, le pide el perdón para el corsario Manoldo —que había asolado la ciudad— y una desgravación de impuestos durante diez años para los vecinos de Ostia, que tanto sufrieron en la guerra.

Aunque después, ya remitida la euforia inicial, parece que se produjo un diálogo lleno de tirantez entre el Papa y El Gran Capitán, al referirse aquél a los reyes de España con ciertas reticencias. Defendióles calurosamente don Gonzalo, recordando a Su Santidad que gracias a la ayuda que le habían prestado podía encontrarse libre; y aun aseguran que le reprochó sus escándalos, dejándole profundamente turbado. Todavía más asombro tendría que causarle, sin duda, el *informe reservado* que le envió a poco el nuncio en España, cardenal Des Prats, valenciano como él y que por eso, le escribió en su lengua vernácula. O quizá, para hacer menos inteligible la confidencial misiva.

Pues contaba en ella que, en ocasión de haberse celebrado en Roma, con toda fastuosidad, la boda de Lucrecia Borja, hija del Papa, la reina Isabel le citó, en su calidad de nuncio, en Medina del Campo, donde a la sazón se encontraba la corte, y despidiendo de la estancia a secretarios y ayudantes, se quedó a solas con él, atrancando además la puerta por dentro. Hecho insólito en las costumbres de la soberana, como destaca Rodríguez Valencia, de quien tomamos el relato. Explicó entonces Isabel al representante pontificio su desazón ante las cosas que oía decir del Papa, *concretamente las fiestas que se hicieron en los esponsales de doña Lucrecia y la intervención de los cardenales, es decir, del cardenal de Valencia* (César, hijo también de Alejandro VI) *y del cardenal Farnesio y del cardenal de Luna y que yo, de parte de Su Majestad, escribiese a Vuestra Beatitud que quisiera mirar mejor en estas cosas y que Vuestra Santidad no mostrase tanto calor en las cosas del duque* (su hijo). Por cierto que el nuncio advierte que, para quitar hierro al tema y como curioso argumento para tranquilizar a la reina, aludió a otros escándalos de anteriores Pontífices, como Sixto IV e Inocencio VIII.

En todo caso, el Papa encajó sin aparente enojo la muy respetuosa, a la par que decidida regañina de Isabel. De tal manera que, por una bula de 19 de diciembre de 1496, otorgó a ella y a su marido —como rey y reina *de las Españas*— el título de *Reyes Católicos*, en atención a su piedad, sentido de la justicia, devoción y clemencia en la defensa de la fe y especial celo en la protección de la Iglesia romana y por haber unificado sus reinos, maltratados por la anarquía y conquistar Granada y expulsar a los judíos y liberar los estados pontificios. El título era hereditario para todos los reyes de España, que —incluso hoy— así pueden llamarse.

* * *

Obsesión constante de Isabel desde los comienzos de su reinado había sido la reactivación de la vida espiritual en quienes mayor ejemplo de fe y buenas costumbres debían dar: los clérigos y las órdenes religiosas. En realidad, la idea venía de antiguo; pues la progresiva degeneración de buena parte del estamento clerical aconsejaba devolverle a la observancia de sus reglas. La reforma benedictina fue la primera en llevarse a cabo, partiendo del monasterio de San Benito el Real, en Valladolid y gracias a la especial ayuda de la reina. De allí se extenderá pronto al monasterio de Montserrat. Y se convertirá en general —y ejemplar— gracias a la enérgica labor reformadora llevada a cabo por otro personaje clave en el reinado de los Reyes Católicos: el cardenal Cisneros.

Había nacido en Torrelaguna, en 1456 y se llamaba en realidad Gonzalo; aunque al profesar tomó el nombre de fray Francisco, por el que sería conocido en adelante. Estudió en Cuéllar, dominio señorial de don Beltrán de la Cueva; se graduó en Salamanca y se ordenó sacerdote en Roma. Al vacar el arciprestazgo de Úbeda, lo pidió, amparándose en una bula pontificia que se lo concedía; pero el entonces primado, cardenal Alonso Carrillo, no sólo se lo negó sino que, por enfrentarse violentamente con él, lo hizo prender y preso estuvo en Úbeda y en Santocaz; aunque al final, medió la condesa de Buendía y además de quedar libre, se le concedió el puesto.

Alto, flaco, de aguileña nariz y profunda mirada, Cisneros era apasionado, intransigente, e incluso violento. Sucesivamente fue capellán mayor, y después vicario general de la diócesis de Sigüenza, que regía el cardenal Mendoza. Todos lo señalaban como próximo obispo; mas, sorprendentemente, en el otoño de 1484 abandonó sus prebendas, para profesar como simple monje franciscano. Residió en los conventos de La Salceda y El Castañar y se afanó en predicar la fiel observancia de la Orden, dando positivo ejemplo con su conducta. Cuando, al ser tomada Granada, fray Hernando de Talavera quedó nombrado arzobispo de la nueva diócesis, la reina Isabel perdió a su muy respetable confesor (aunque no se privara nunca de sus consejos); entonces, el cardenal Mendoza le recomendó para sucederle a fray Francisco Jiménez de Cisneros.

Quiso conocerle la reina y concertó una entrevista con él en Valladolid, en mayo de 1492. Muy distinto de fray Hernando le pareció; sin la cordialidad bondadosa del jerónimo, su adustez no acabó de convencerle. Pero la misma resistencia de Cisneros a aceptar el cargo terminó decidiéndola. Y así empezó el irresistible ascenso del fraile, llamado a desempeñar las más altas funciones de gobierno en la Corte después de la muerte de Isabel. En 1494 fue elegido provincial de Castilla; tomó como secretario a fray Francisco Ruiz, *un mancebito de 18 años, un santico* y en su compañía, a lomos de un pequeño jumento llamado *Benitillo*, recorrería España en sus funciones reformadoras.

Una reforma que aspiraba a ser total: de los monasterios de varones de todos los reinos y de los conventos de religiosas y de las órdenes mendicantes y, como natural reflejo, de las costumbres de los mismos súbditos laicos. La profunda religiosidad de los reyes y el afán de perfección espiritual de Isabel se manifiestan en este caso con singular claridad. Tenazmente insistió cerca de los papas para obtener las debidas bulas autorizando la reforma, no siempre comprendida ni aceptada en Roma. Es curioso que las mayores concesiones las consiguiera de Alejandro VI; bien que a cambio de acceder a los beneficios que el controvertido Pontífice pedía para sus hijos y protegidos; hasta que el Papa se quejó de tantas *convenciones*. (En nuestros tiempos les llamaríamos consensos.)

Cisneros, con un profundo misticismo, del todo compatible con una energía indomable, culminaría la reforma, en ocasiones excediéndose de las autorizaciones pontificias. Al morir en enero de 1495 el cardenal arzobispo de Toledo, don Pedro González de Mendoza —último gran superviviente de los borrascosos tiempos de la guerra civil—, Cisneros pasó a ocupar su puesto, no sin resistencia por su parte. Aunque, cuando los reyes pretendieron que renunciase a parte de sus rentas, el franciscano les respondió que, si bien no tenía el menor interés en aceptar la mitra, si lo hacía, forzosamente debía ser con todos sus privilegios, que ya él sabría administrar.

Su austeridad seguía siendo sin embargo tan grande que en diciembre de 1495 el Papa hubo de reprenderle porque, despreciando toda pompa exterior, parecía menospreciar la dignidad de la silla primada. El cardenal despidió a la mayoría de los frailes que le seguían sirviendo, admitió a cambio criados y vistió las sedas y pieles propias de su rango; pero debajo de las suntuosas ropas, continuó llevando siempre el hábito de su Orden. Y dormía sobre una tabla. Con semejantes principios, no extrañará que llevase a cabo la empresa reformadora con tanta energía, que muchos frailes se le opusieron abiertamente, llegando incluso a protestar el Papa por sus modos intransigentes. Incluso un abad segoviano escapado a Roma, contó de él tales cosas, que Alejandro VI dictó en 1497 un breve suspendiendo la reforma de la Orden franciscana. Por supuesto que Cisneros siguió adelante y seis semanas más tarde, el breve era derogado e incluso se aumentaron las prerrogativas del cardenal.

Para demostrar el firme carácter de fray Francisco, cuentan algunos cronistas que, al exaltarse en exceso durante una discusión con Isabel, ésta le preguntó:

—¿Os dais cuenta de con quién estáis hablando?

A lo que respondió Cisneros:

—Con la reina, que es polvo y ceniza como yo.

Las reformas del cardenal no sólo afectaron al estamento religioso; a él se debe también la fundación de la Universidad de Alcalá de Henares, con un sistema de provisión de cátedras y unos planes de estudios absolutamente renovadores. Facultades de Artes, Teología y Derecho allí creadas tuvieron enorme influjo en la cultura española. Como, en general, toda la labor en materia de estudios, desarrollada personalmente por la reina Isabel, de la que se ha podido decir que llevó a cabo una auténtica política universitaria, con la intención de conseguir el más alto nivel cultural en los clérigos y altos cargos en la Corte. Aunque lo hiciera con evidentes criterios elitistas.

* * *

¿Y qué es, a todas éstas, de don Cristóbal Colón? Mal le va en su segundo viaje; pues muchos de los que esta vez se embarcaron tan sólo buscaban el lucro fácil, el rápido enriquecimiento y poco concuerdan sus actitudes con las que los Reyes Católicos esperaban de quienes, además de una empresa mercantil, deben llevar a cabo una tarea evangelizadora. Llegan a España informes muy negativos acerca del almirante; parece que tampoco las tierras de Indias son aquel emporio que se decía. Isabel se inquieta; quiere que cuanto antes regrese el descubridor, para conocer su versión personal de los hechos. Después de una travesía difícil, llega Colón a Laredo en 1496, triste y mal vestido. Se defiende de las acusaciones que le hacen y, probablemente, convence a la reina de la rectitud de su conducta; aunque sin negar que, en más de una ocasión, ha tenido que proceder con violencia e incluso, con despotismo.

Como muestra de la utilidad de los viajes, recuerda que llevó a las tierras descubiertas semillas de trigo y cebada, naranjas, limones, bergamotas, melones y vacas, toros, gallinas, conejos, animales que allí desconocían. A cambio, trae productos que en España también resultan nuevos: una raíz que parece talmente una zanahoria y sabe a castañas. Acabará llamándose patata. ¡Ah! Y un converso, Luis de Torres, que le acompañó como intérprete, regresa imitando la costumbre de los indígenas, que queman unas hierbas en pipas con forma de *y*, que se introducen por los agujeros de la nariz, inhalando el humo. Ellos le llaman tabaco. (Ni ellos, ni Torres, ni Colón, piensan entonces que pueda ser cancerígeno.) Las ventajas materiales de las expediciones son, pues, indudables. Y hay oro, sin duda. Y muchas piedras preciosas.

Sonríe Isabel; pero recuerda al almirante que a ella lo que más le preocupa es la evangelización de las tierras que aún llaman de Indias; la conversión a la fe cristiana de sus moradores. Rechaza, por tanto, con toda energía, que se convierta en esclavos a los indios; quiere incrementar el envío de religiosos —ahora que se ha recuperado la santidad de las órdenes monacales— para que desarrollen una eficaz labor de apostolado. Y finalmente, tranquiliza a Colón y le ratifica su confianza y le concede nuevas mercedes y algo más importante todavía: la seguridad de que se organizará una nueva expedición el siguiente año.

Pero esta vez no resulta fácil conseguir la tripulación. Por ello, se ofrece a los condenados por delitos comunes la posibilidad de redimir sus penas enrolándose como marineros. Con semejante personal a bordo, partieron al fin seis navíos del puerto de Sanlúcar de Barrameda, el día de San Fernando, 30 de mayo de 1498. En las Canarias, la flota se dividió en dos: una dirigióse a la isla Española y la otra, mandada por Colón, tomó rumbo sudoeste, descubriendo la isla de Trinidad, frente a la desembocadura del Orinoco y llegando por fin a tierra firme, el primero de agosto. Sin embargo, el almirante seguía creyendo que se trataba de una nueva isla, a la que llamó Santa. Poco tiempo estuvo allí, pues le importaba arribar cuanto antes a La Española.

Donde se encontró con una lamentable situación. Fundada la ciudad de Santo Domingo, con idea de aproximarse a las minas de oro, Francisco Roldán se había rebelado contra Bartolomé Colón, que en ausencia de su hermano ejercía como gobernador; ello obligó a Cristóbal a una inmediata y severa represión contra los insurrectos. Para atraerse a muchos de éstos, les concedió tierras y el derecho a utilizar determinado número de indios para cultivarlas; fue el origen de los *repartimientos*, después tan generalizados. Autorizó también a regresar a España a los que lo desearan, entregándoles un informe para los reyes sobre las nuevas islas descubiertas y los problemas existentes.

Pero lo que estos hombres cuentan al volver causa tal preocupación en la Corte, que los reyes deciden enviar a La Española al comendador de Calatrava, para hacerse cargo del gobierno de los territorios descubiertos. Enojó grandemente a Isabel que Colón hubiera calmado a alguno de los sediciosos, entregándoles indios como esclavos y más aún que, traídos a España, fueran a ser vendidos en los mercados de Andalucía. Suspendió en el acto semejante pretensión, ordenando que fuesen libres y devueltos a sus países.

Mientras, en La Española, el comendador Bobadilla había encarcelado al almirante y lo devolvió a España, cargado de cadenas. Cuando el buque que le transportaba se alejó de la costa, su capitán quiso librarle de ellas; pero Colón le contestó:

—No. Os agradezco vuestra intención; mis soberanos me han ordenado que me someta en todo al comendador, y pues él me ha cargado con estos hierros, yo los llevaré hasta que los reyes decidan que me sean quitados. Y siempre los conservaré como un monumento de la recompensa dada a mis servicios.

A bordo, escribe una patética carta a su amiga, la vieja aya del príncipe Juan. *Dios es justo* —le dice— *y Él querrá en su tiempo hacer saber por quién y cómo se han hecho todas las cosas... Yo debo ser juzgado como un capitán enviado por España a las Indias para conquistar un pueblo numeroso y guerrero, cuyas costumbres y religión son por completo diferentes a las nuestras.* Antes ha escrito también en su Diario: *Si yo robara las Indias y las diera a los moros, no pudieran en España mostrarme mayor enemiga...*

Esta vez, la llegada a Cádiz del almirante resulta dramática. Cruza las calles de la marinera ciudad arrastrando sus cadenas; y como ocurre en tales casos, hasta quienes más le habían denostado, se apiadan ahora de él y piden clemencia. Los reyes ordenan que sea puesto en libertad; y le envían dinero, para que se presente decorosamente en Granada, donde se halla la Corte. A mediados de diciembre de 1500, Cristóbal Colón es recibido por Isabel y Fernando; la entrevista resulta muy emotiva y la reina no puede evitar el llanto al escuchar la narración de sus cuitas. Se le promete una investigación adecuada, justa y razonable; se le devuelven sus honores, excepto los cargos de virrey y gobernador de las Indias. Un nuevo gobernador se envía poco después a La Española: don Nicolás de Ovando, que deberá poner en claro lo sucedido en aquellas tierras.

Por entonces, muchos pilotos —generalmente andaluces— están haciendo ya expediciones por su cuenta y amplían los descubrimientos en la zona del Caribe. Ojeda, Vespucio, Cristóbal Guerra, Alonso Nuño, La Cosa, Diego de Lepe y el mismo Vicente Yáñez Pinzón, saliendo de Huelva y de Cádiz, son los principales marinos que rivalizan en el empeño. Los portugueses, por su parte, se afanan por incorporarse a las nuevas rutas; Vasco de Gama ha doblado el cabo de Buena Esperanza. El camino de América —aún no tenido como tal— quedaba abierto a la navegación cotidiana.

Completemos la referencia colombina, indicando que don Cristóbal todavía llevaría a cabo una cuarta y última expedición, porque los infortunios no menguaban su entusiasmo. Le llamó *alto viaje*, a pesar de que sólo le facilitaron cuatro carabelas y una tripulación de ciento cincuenta hombres. Los reyes le encomendaron sobremanera que evitara a todo trance la esclavitud de los indios; partió de Cádiz el 9 de mayo de 1502 y tras sobreponerse a un tremendo vendaval, tocó en los conocidos puertos de Santo Domingo, Cuba, Veragua y Jamaica, descubriendo la Guayana. Atravesó el golfo de Honduras; un temporal le obligó a entrar de arribada forzosa en las costas de Jamaica, perdiendo sus naves. Hasta junio de 1504 hubo de permanecer en la isla; finalmente, el gobernador Ovando envió a recogerle y tras varios meses de estancia en La Española, regresó a Sanlúcar, en noviembre de 1504.

La tristeza de Colón, que volvía esta vez fracasado, se convirtió en inconsolable dolor al conocer la noticia que conmovía a España: la reina Isabel acababa de morir.

Como veremos en su momento, hasta el último minuto de su vida tuvo la soberana una profunda preocupación por el futuro de los indios y así lo acredita en el codicilo a su testamento. Ya cuando envió como nuevo gobernador de las tierras descubiertas a don Nicolás de Ovando, le dio muy concretas instrucciones sobre el destino de los indígenas: hombres libres, súbditos naturales de la Corona de Castilla. Posteriormente irá precisando los derechos elementales que se les deben reconocer, mediante la formación de poblados indios, con su gobierno, iglesia, escuelas, hospital común con los españoles y particular empeño en que los convertidos celebren matrimonio canónico. Para incentivar su conversión, elegía personalmente la reina a los religiosos que deseaba que marchasen a las Indias y les invitaba a hacerlo, encomendándoles sumo celo en la evangelización y prudencia en los bautismos, que nunca debían hacerse con precipitación.

Incluso un historiador tan crítico en el tema del Descubrimiento y la colonización, como el padre Las Casas, reconoce que la reina Isabel *no cesaba de encargar que se tratase a los indios con dulzura y se emplearan todos los medios para hacerles felices.* En 1951, el papa Pío XII, refiriéndose a las normas dictadas por *la gran Isabel, para los que llamaba sus hijos de América* (sic) dijo que estaban siempre impregnadas *de un concepto profundamente cristiano de la vida.* Y Salvador de Madariaga ha dejado escrito que *España colonizó de modo muy superior a como lo hubieran hecho los demás gobiernos contemporáneos.*

Evidentemente, en su actitud frente al hecho del Descubrimiento, alcanza la reina de Castilla sus más altas cotas de humanidad y sincera consideración de los valores espirituales.

* * *

Volvamos al año de 1499 y a la vega de Granada, donde van a producirse desagradables acontecimientos. Los musulmanes que allí viven, desde que la ciudad fue conquistada, constituyen la única minoría religiosa no cristiana que se tolera en España. Bien es verdad que los reyes pensaron que, con el tiempo, conseguirían atraerla a la fe; y fray Hernando de Talavera, el buen jerónimo y primer arzobispo de la diócesis, se ha entregado a la tarea con tanto entusiasmo, que incluso aprendió el árabe, para poder predicar en su idioma a los antiguos súbditos de Boabdil. Que le respetan y hasta le admiran y le llaman el *Santo Alfakí;* pero en muy escaso número abjuran de sus creencias. Saben que les amparan las capitulaciones firmadas cuando la rendición de Granada, en las que se les reconocía el derecho a mantener su religión y sus prácticas.

En julio de ese 1499, los Reyes Católicos visitan Granada. Desde Bibarrambla hasta la cuesta de Gomérez, millares de moros se apiñan, todos de blanco en sus chilabas, para presenciar el paso de sus monarcas. Está bien claro que, aunque incorporado a la Corona de España, aquél sigue siendo un territorio fundamentalmente musulmán. Así lo comprendió en seguida el cardenal Cisneros, que llegaría a los pocos días, y que decidió aplicar sus expeditivos métodos para terminar con lo que consideraba un grave peligro para la unidad de la fe.

Comenzó reuniéndose con los alfaquíes, a quienes trataba de persuadir para que se convirtieran, contando con que su ejemplo sería después seguido por la gran masa de la población; a los que lo hacían, los colmaba de mercedes. Quienes se negaban, eran presos y quedaban bajo la vigilancia de unos servidores de fray Francisco, que alternaban los sermones con las palizas. Semejantes fórmulas provocaron numerosísimas conversiones, aunque con la sinceridad que puede suponerse. Hubo que impartir el sacramento del bautismo por aspersión, ante la cantidad de presuntos conversos que se aglomeraban frente a la antigua mezquita del Albaicín, convertida en iglesia. Fueron quemados en público los libros islámicos de carácter religioso; los que no lo eran se llevaron a la biblioteca del cardenal, en Alcalá de Henares.

Pero naturalmente, todo ello provocó la indignación de los musulmanes fieles; en enero de 1500, la tensión estalló en el Albaicín, al intentar detener dos agentes de Cisneros a una mujer renegada. Uno de ellos fue matado allí mismo por la enfurecida turba de moriscos; la muchedumbre, exaltada hasta el paroxismo, se dirigió hacia el alojamiento del cardenal, sitiándole. Fue necesario que, a los dos días, el conde de Tendilla acudiera en su auxilio, con tropa armada. Fray Hernando de Talavera, tan respetado, hizo de intermediario cerca de los rebeldes; cuatro fueron ahorcados y a los demás se les ofreció el perdón si se convertían. También se dictó un indulto general para todos los moros bautizados de Granada, responsables de cualquier delito común cometido antes del 25 de enero. Otra vez hubo presuntas conversiones masivas y más de cincuenta mil musulmanes se bautizaron.

Estos sucesos produjeron una fuerte tensión entre los reyes y el cardenal Cisneros. Le achacaban *no haber guardado las formas que se le mandaron*; el enfado aumentó cuando, a finales de enero, se sublevaron las alquerías moras de las Alpujarras. Ante el temor de que pudieran ser ayudados desde África, don Fernando encomendó a Garcilaso de la Vega una acción militar en toda regla contra los sediciosos; éstos se rindieron, al fin, el 8 de marzo; pero los daños humanos y materiales habían sido grandes. Esta vez, los Reyes Católicos podían argumentar en su favor que nunca habían obligado a los moriscos del campo a que se convirtieran. Sin embargo, dictaron normas altamente generosas para quienes lo hicieran en adelante:

de hecho, se equiparaban jurídicamente con los cristianos viejos. La *política de dulzura* —así la llama Suárez— todavía se hizo más amplia cuando los musulmanes de Baza pidieron condiciones para su conversión; además de grandes ventajas económicas, se les autorizaba el uso de su ropa tradicional, hasta que quedara desgastada naturalmente y se prohibía que nadie les insultase, llamándoles *moros* o *tornadizos*.

Sin embargo, aunque estas medidas surtían efecto en las ciudades, el malestar crecía entre los musulmanes que vivían en el interior; y se repitieron las insurrecciones; y en las peñas de Monarda un cuerpo expedicionario que mandaba el conde de Cifuentes fue aniquilado por los sublevados, muriendo nobles muy principales. Tales violencias parecían dar la razón al cardenal Cisneros y su política de dureza; de ahí que, tras unos postreros intentos por conseguir nuevas conversiones, los reyes promulgaran el 11 de febrero de 1502 un decreto, inspirado en el que había servido para expulsar a los judíos, dando a todos los moros residentes en los territorios de la Corona de Castilla (no a los de Aragón) un plazo, hasta final de abril, para escoger entre la conversión o el exilio. Una vez más, la medida debe ser enjuiciada con la óptica del momento histórico en que se produce: cuando desde Roma se postula la cruzada de la Europa cristiana contra los infieles, en España se consigue la unidad religiosa, al menos formalmente.

Para los Reyes Católicos, se había cumplido, por tanto, con un deber de fidelidad a la doctrina de la Iglesia.

CAPÍTULO NOVENO

Aquí se narran bodas reales y la historia del príncipe que murió de amor y las desdichas de Catalina de Aragón cuando casó con Enrique VIII de Inglaterra y la pasión de Juana «la Loca» y, en suma, los cuchillos de dolor que atravesaron el corazón de la reina Isabel.

Cinco hijos tuvo Isabel de su matrimonio con Fernando. Sabemos ya que nació primero una niña, a la que se impuso el mismo nombre de su madre y que vino al mundo en Dueñas, en 1470. Hasta ocho años después no aumentaría la familia, malográndose en el mientras tanto dos embarazos de la reina; tanto ella como su marido deseaban ardientemente un varón, por naturales razones de Estado (aparte la normal predilección de muchas parejas en tales casos) y mucho lo pidieron a Dios, con grandes sacrificios y obras pías acompañando a sus ruegos. Unidas tales plegarias a las buenas artes médicas del físico judío Lorenzo Badoç, que remedió las insuficiencias que aquejaban a Isabel a raíz de sus abortos, pudo dar a luz felizmente el anhelado príncipe heredero; se llamó Juan y conocemos también las grandes fiestas populares que en Sevilla celebraron su nacimiento.

Después vendrían otras tres niñas: las princesas Juana (en 1479 y a la que, curiosamente, se dio el mismo nombre que a su hermano), María (1482) y Catalina (1486; algunas fuentes dicen que el año anterior). El nacimiento de Juana coincidió con la muerte de Juan II, padre de Fernando y, por tanto, con la coronación de éste como rey de Aragón. Tan numerosa prole fue personalmente atendida, en todo momento, por la reina madre, doña Isabel, que cuidó de forma directa de su formación y estudios. Se encargaron de la educación de las princesas, frailes franciscanos y dominicos, así como el erudito preceptor italiano Alejandro Geraldini; estudiaron de modo especial la Sagrada Biblia, historia, geografía y gramática, con singular dedicación al latín, que terminaron hablando y escribiendo correctamente.

Pero el ojito derecho de los reyes era el varón de la familia, el príncipe Juan, cuya salud nunca había sido demasiado robusta; de pequeño, los médicos aconsejaron, para fortalecerle, que comiera carne de tortuga. Según el duque de Maura, ello provocó una angustiosa búsqueda de tales animales. Pese a todo, se entregó con afán y aprovechamiento, ya desde niño, a los juegos caballerescos, el dominio de la equitación, los ejercicios castrenses en campo abierto y, en definitiva, todo aquello que sobre las artes marciales debía conocer el futuro rey de España. De los aspectos culturales de su educación se encargó como preceptor el sabio catedrático de la Universidad de Salamanca, fray Diego de Deza, que seleccionó un brillante plantel de maestros en diversas disciplinas, siguiendo siempre los dictados de la reina. Tan esmerada fue la formación del príncipe, que años más tarde, Carlos I de España y V de Alemania siguió fielmente su misma pauta al educar a su hijo, el futuro Felipe II. El celo de Isabel y Fernando por la educación de quien soñaban que fuese el futuro rey de una nación poderosa y feliz, llegó al extremo de ponerle corte propia, en la villa soriana de Almazán.

* * *

La primera en desposarse fue la infanta Isabel, que lo hizo en 1490 con Alfonso, príncipe heredero de Portugal. Muy feliz parecía el matrimonio, cuando a los pocos meses de convivencia, el joven esposo se mató en un accidente, al caer del caballo mientras paseaba junto a su padre, el rey. Y buena imagen debió dejar la primogénita de los Reyes Católicos en la corte portuguesa, pues a los tres años de su viudez, el infante don Manuel de Braganza, primo del difunto Alfonso, que acababa de heredar la corona, pidió formalmente su mano. Dicen las crónicas que la había conocido cuando él formó parte del séquito lusitano que la acompañó a Lisboa, en ocasión de su boda anterior y que desde entonces estuvo secretamente enamorado de ella.

La princesa, sin embargo, consideró prematuro el matrimonio; quizá todavía recordaba demasiado a Alfonso. De modo que, con toda cortesía, rehusó en principio una oferta que le hubiera supuesto convertirse en reina de Portugal. Aunque tampoco tardó demasiado en reconsiderar su decisión: y en noviembre de 1496 se capitulaban en Burgos los esponsales. Como condición previa para la boda, exigió Isabel que fueran expulsados los judíos residentes en Portugal.

De aquel matrimonio nació un hijo varón, Miguel, a cambio de la vida de su madre, que murió al darle a luz. Con ello, el niño se convertía en futuro heredero de las coronas de Castilla, León y Portugal. La reina Isabel, desolada con la pérdida de su hija, buscó consuelo en el nietecito, al que adoraba hasta el punto de que lo trasladó a vivir con ella a Granada. Pero Dios también quiso llevárselo, antes de que cumpliera los dos años. El trágico sino familiar de la soberana empezaba a cumplirse fatalmente.

* * *

Especial realce alcanzó la boda de la infanta Juana con el archiduque Felipe de Austria, que ha pasado a la historia aureolado con la denominación de *el Hermoso*. Matrimonio, además, trascendental desde el punto de vista político, puesto que suponía la unión de dos grandes familias reinantes en Europa. Bueno será ya advertir que en todos los proyectos matrimoniales —después, realizados— de los descendientes de los Reyes Católicos, la astuta sabiduría de don Fernando (y hay que suponer que la no menor inteligencia de doña Isabel en materias de Estado) buscó siempre reforzar la presencia española en el Continente, mediante unos enlaces que conllevaban, a la vez, auténticas alianzas. Curiosamente y pese a ello, algunos no estuvieron faltos de afecto y aun de amor por parte de los contrayentes.

La boda de Juana con Felipe coincidía con el ingreso de Enrique VII de Inglaterra en la Liga Santa contra Francia —gran obsesión del rey Fernando—, en virtud de un complejo pacto de alianza, de laboriosa gestación, entre cuyos acuerdos figuraba el matrimonio del príncipe de Gales, Arturo, heredero de la corona inglesa, con la cuarta hija de Isabel y Fernando, la infanta Catalina, que sería llamada en lo sucesivo *de Aragón*. El cuadro político/conyugal quedaba completado con el también acordado enlace del príncipe Juan, heredero de la corona española, con la princesa Margarita de Austria, hija de Maximiliano, rey de Romanos. Por tanto, a los Reyes Católicos solamente les quedaba por colocar a su hija María, que tenía catorce años entonces.

Entre la febril actividad diplomática —se fortalece la Liga Santa—, guerrera —no olvidemos que El Gran Capitán anda por Italia, con sus hazañas—, política —las reformas en España se aceleran, así en lo religioso como en lo administrativo— y epitalámica, una noticia triste conmueve a Isabel: muere en Arévalo su madre, silenciosamente, discretamente, como había pasado sus últimos años la que fuese ejemplar segunda esposa de Juan II de Castilla. Pide en su testamento ser enterrada en la iglesia de Miraflores y que sus honras fúnebres se celebren sin pompa ni vanidad. Su hija no pudo estar a su lado al producirse el óbito; el trajín nupcial ocupaba todo su tiempo.

* * *

Es el mes de agosto de 1496. La hermosa playa de Laredo, con su espléndido puerto natural, ofrece un espectáculo deslumbrante. Más de veinte embarcaciones están surtas, luciendo aparejos de gala, estandartes y gallardetes multicolores: dos carracas alterosas de castillos, de mil toneladas cada una; cuatro naos de 500; seis, de 300; cuatro carabelas rasas, equipadas de remos... En total, llevan a bordo una tripulación cercana a las cinco mil personas; y escuderos, espingarderos y ballesteros. Se ha previsto a conciencia el aprovisionamiento para la travesía: 20 000 cántaras de vino, 300 toneles para agua, mil gallinas, 150 000 sardinas arenques, 500 arrobas de vinagre, diez quintales de candelas de sebo, dos quintales de manteca de puerco y de vaca, mil docenas de pescadas aciales, dos mil quintales de cecina de vaca. Así resulta, al menos, de la cédula firmada por los reyes en Tortosa, en enero de aquel año y que se conserva en el archivo de Simancas.

Manda la flota don Sancho de Bazán; viajará en ella una verdadera corte, encabezada por el almirante de Castilla, don Fadrique Enríquez y en la que figuran obispos, nobles, embajadores y militares. En la tarde del día 18, todo está dispuesto para zarpar; llega la reina Isabel, acompañando a su hija, la infanta Juana. Don Fernando ha tenido que quedarse en Almazán, atento a la situación de las fronteras, amenazadas por el rey de Francia. La infanta ocupa una carraca de cuatro mástiles; el cielo está nublado y la mar, movida. Se acuerda demorar, por ello, la partida, que se hará la noche del 21.

Isabel contiene las lágrimas que se le vienen a los ojos, mientras agita su pañuelo de seda bordado, despidiendo a su muy querida hija. La infanta, que acaba de cumplir 16 años, delgada, morena, recuerda tanto físicamente a su abuela Juana Enríquez, que la reina, en broma, la suele llamar *suegra*. Tiene un carácter difícil; es melancólica, depresiva, irascible a ratos, alegre en otros. Quizá le acompleja ser la menos agraciada de las hermanas; tampoco siente las profundas devociones religiosas de éstas. Además, le aterra el mar. Pero se consuela, sabedora de los muchos encantos físicos de su prometido, que la estará aguardando impaciente —piensa— en las costas de Holanda.

La travesía es muy difícil. Una tormenta de ocho horas de duración cambia el rumbo de las naves, que tienen que refugiarse el 31 de agosto en Portland, al sur de Inglaterra; los ingleses festejan a la infanta, durante los días que dura su forzosa estancia en la isla. El 2 de septiembre, la escuadra se hace de nuevo a la mar, y antes de llegar a Holanda se pierde una de las carracas al encallar en un bajío y, con ella, parte del ajuar nupcial que transportaba. Finalmente, el día 8 se llega a puerto. La desilusión es grande: nadie espera a la novia. Hay que avisar a Felipe y a su padre, que están fuera de Flandes, mientras Juana se aloja en Amberes, en el palacio de la viuda de Carlos el Temerario. Enferma de tercianas y ha de guardar cama. Finalmente, el 12 de octubre llega el archiduque Felipe, *el Hermoso*; que efectivamente, así se lo parece —y mucho— a su prometida. El matrimonio tiene lugar el 18; los recién casados marchan a Bruselas, donde se celebran animados festejos.

La flota que llevó a Juana se dispone a regresar con otra regia prometida a bordo: la princesa Margarita de Austria, que recorriendo a la inversa el trayecto seguido por su cuñada, debe venir a España para casarse con el príncipe Juan. A todas éstas, la reina Isabel ha seguido con inquietud y desazón todas las peripecias del viaje de su hija; ahora aguarda con impaciencia a la que será su nuera, una muchacha inteligente, simpática y atractiva, de la que espera que haga feliz a su amadísimo hijo. Pero el retorno de la escuadra se demora más de lo previsto; hasta febrero de 1497 no podrá zarpar. Tras una breve escala en Inglaterra, padece también los rigores de una borrascosa tormenta, pero por fin llega al puerto de Santander, el 8 de marzo. Margarita y Juan se encuentran por vez primera cerca de Reinosa, adonde se ha adelantado el príncipe a recibirla, acompañado por su padre, el rey Fernando.

Por Aguilar de Campoo, siguen hasta Burgos. Desde el primer momento, la princesa cautiva a cuantos acaban de conocerla, por su alegre carácter. Cuenta que, durante la travesía y en pleno temporal, escribió un epitafio, por si no lograba salir del peligro: *Aquí yace Margarita, la gentil doncella, que tuvo dos maridos y, sin embargo, murió soltera.* (Había estado prometida anteriormente con Carlos VIII, cuando sólo tenía cuatro años y fue preparada para los esponsales en París; pero posteriormente, el monarca francés la repudió, para casarse por razones de Estado —naturalmente— con Ana de Bretaña.)

La boda se celebra en Burgos, el domingo de Ramos. La Semana Santa aplaza las fiestas populares; además, se produce la nota triste del fallecimiento del caballero don Alonso de Cárdenas, hijo del comendador mayor don Gutierre, que muere al caer del caballo. Pese a todo, los reyes no regatean esfuerzo —ni dinero— para que el matrimonio de su hijo predilecto —Isabel siempre le llama *mi ángel*— deje memoria en el pueblo, por la fastuosidad y abundancia de los festejos. Al tiempo que demuestre a los ilustres visitantes extranjeros que la Corte de Castilla poco tiene que envidiar ya a las más preclaras de Europa; sin embargo, su severa etiqueta y la mesura de damas y caballeros no deja de sorprender a los flamencos, menos rigurosos en el protocolo.

En prueba de su gozo, Isabel se muestra especialmente generosa con su nuera, a la que regala muchas y muy valiosas joyas; algunas de las cuales había tenido empeñadas en los tiempos difíciles de la guerra de Granada. Entre ellas, un collar de oro esmaltado con veintidós perlas gruesas, de diamantes, ocho rubís y cuatro esmeraldas; otro collar con veinte balages, diez gruesos y diez menores y ciento ocho perlas de distintos tamaños; un joyel de unas flechas, con un diamante muy grande y un rubí. Y otro joyel de oro de una rueda, con un balage muy grande y un rubí de hechura de una pera. Además, le obsequió con piezas de vestir, menaje de casa, cuadros históricos, arcas con ropa blanca, dos braseros de plata, candelabros, perfumes. Por si algo faltase, tres mulas y sus guarniciones de oro y plata.

Está claro que el matrimonio satisface a los reyes. Y Margarita, a su joven esposo, escasamente habituado a las prácticas del amor, que se entrega ardorosamente a ellas desde el primer momento, con la insaciable fogosidad de sus dieciocho años.

* * *

La boda de Catalina de Aragón con el príncipe de Gales, Arturo, que completaba el abanico de matrimonios y alianzas políticas tan sabiamente desplegado por el rey Fernando, tuvo mayores complicaciones diplomáticas. Llevaba consigo el complemento de unos pactos que asegurasen la paz con Escocia y la firma de un acuerdo comercial de enorme interés para España. Si todo concluía felizmente —y así fue, en principio—, los Reyes Católicos habrían cubierto sus aspiraciones: Portugal, Inglaterra y Flandes se enmarcaban, a un tiempo, en su contorno familiar y en su contexto político.

Todo aquel verano del 96 transcurrió en negociaciones. Los ingleses —*money is money*— prestaban especial atención al tema de la dote de la infanta española; incumpliendo las últimas instrucciones que le envió Isabel (quizá porque le llegaron cuando ya había firmado el acuerdo matrimonial), don Rodrigo González de Puebla, plenipotenciario que representaba en Londres a los Reyes Católicos, aceptó unas condiciones ciertamente onerosas: Catalina sería enviada a Inglaterra cuando la ocasión pareciese oportuna y se constituiría a su favor una dote de 20 000 escudos, la mitad diez días antes o después de la celebración de la boda, y el resto en dos plazos iguales en los dos años siguientes. La cuarta parte de la suma se entregaría en oro, vajillas de oro, plata o plata dorada y diamantes y piedras preciosas.

No satisfizo a Isabel —menos todavía a Fernando— la solución final del acuerdo, que confirmaba aquello que se decía del rey Enrique VII: que si una moneda de oro entraba en sus arcas, no volvía a salir jamás. Pero compensó a ambos el establecimiento —complementario al acta de desposorios— de un *estatuto de mercaderes*, del que se derivaron grandes beneficios comerciales para España. Y sobre todo, la efectiva alianza con Inglaterra, que suponía la consolidación de la hegemonía española en Europa; el equilibrio en el continente dependerá ya, en lo sucesivo, de las decisiones de los Reyes Católicos. Cuyo prestigio se hace aún mayor frente a los ingleses, al ser nombrados árbitros a quienes hay que someter todas las diferencias entre Inglaterra y Escocia, que con esta condición como determinante, llegan a un acuerdo que pone fin a su largo y duro enfrentamiento.

Los desposorios por palabras de futuro de Catalina y el príncipe de Gales se celebraron el 15 de agosto de 1497. Pero el matrimonio, lastrado por tanta complicación política, no tendría lugar hasta cuatro años después, celebrándose en la catedral londinense de San Pablo; ofició la ceremonia el arzobispo de Canterbury. Catalina había llegado a Inglaterra mes y medio antes; tenía 18 años y el príncipe Arturo quedó prendado por su belleza. Sin embargo, iba a cumplirse una vez más el gafe conyugal de las hijas de los Reyes Católicos: apenas seis meses después de casarse, la princesa quedaba viuda. Y con ello se creaba un espinoso problema entre los dos reinos, al reclamar en seguida España la devolución de la parte de la dote entregada y las rentas que le correspondían en Gales. Aunque lo más grave no era esto, sino la posibilidad de que el nuevo príncipe heredero buscara esposa fuera del círculo de influencia española, dañando irreversiblemente la alianza establecida por vínculos de sangre.

Así que don Fernando puso rápidamente en juego sus peones, enviando un embajador especial a Londres, Fernán Duque; antes, incluso, de hacer patente su pésame por el fallecimiento de su yerno. Tenía toda la razón en las prisas, pues Luis XII ya comenzaba a realizar gestiones para casar al nuevo príncipe de Gales con una princesa de Francia. Por si algo faltara, estallaría a poco la guerra hispano-francesa. El intrigante González de Puebla, que seguía de embajador —aunque apartado por entero de la negociación de Fernán Duque e incluso ignorante de sus instrucciones respecto de un segundo matrimonio de Catalina con el príncipe Enrique—, tuvo la malhadada idea, al morir la reina Isabel de Inglaterra, de sugerir el matrimonio de la princesa española con el anciano rey viudo. Encolerizóse Isabel y amenazó a Puebla con severos castigos, por atentar *con semejante cosa diabólica, nunca vista,* contra la dignidad de su hija.

E incluso ordenó que regresara Catalina a España, para lo cual la flota comercial de Flandes tocaría en costas británicas, donde la recogería. Distintos acontecimientos, algunos imprevisibles, modificaron decisivamente los proyectos. El mensaje de Isabel llegó tarde a Londres, a causa de las dificultades de la navegación en invierno; la aplastante victoria en Ceriñola de los ejércitos del Gran Capitán resonó en toda Europa con inusitada fuerza, potenciando aún más el prestigio de España y confirmando su poderío militar. El soberano inglés aceptó entonces entrar en negociaciones definitivas; el 23 de junio de 1503 se firmaba en Richmond el acuerdo matrimonial, en virtud del cual, Catalina de Aragón casaría con su cuñado Enrique. Por cierto que su matrimonio con el difunto Arturo no había llegado a consumarse; el Papa, en diciembre, concedía la dispensa para el segundo enlace, aun advirtiendo que no era necesaria. De allí nacerían todos los problemas posteriores.

Pues debe tenerse muy en cuenta que el nuevo marido de Catalina llegaría al trono de Inglaterra, años más tarde, con el nombre de Enrique VIII. Y su ruptura con el Pontífice y el cisma de la Iglesia anglicana, separándose de la autoridad del Papa, fue debido, precisamente, a la negativa de éste a anular el matrimonio de Catalina de Aragón con el monarca inglés. Cuya tortuosa y abominable vida sentimental resulta de sobra sabida.

Afortunadamente para ella, Isabel no llegó a conocer las desventuras de su hija, tan infinitamente desgraciada a partir de esta su segunda boda.

* * *

En las calles de Salamanca penden todavía las colgaduras y los adornos; están las casas engalanadas con paños flamencos y con ramas verdes y los vecinos comentan la brillantez del recibimiento ofrecido tres días antes al príncipe Juan y a su esposa, Margarita de Austria. Pero sobre todo, destacan la sinceridad de los vítores, el auténtico afecto que el joven matrimonio ha percibido de su pueblo, al visitar por vez primera la ciudad cuyo señorío se les acaba de conceder. La gente les quiere; la gente, además, está contenta, porque el reino atraviesa un momento de singular prosperidad económica y creciente prestigio internacional. Estamos a finales de septiembre de 1497.

Lo que ignoran los salmantinos es que su bien amado príncipe, después de los festejos, que evidentemente le emocionaron, ha tenido que guardar cama. Achaques de su siempre frágil salud, se piensa en un principio. Los médicos recuerdan que ya, algunas semanas antes, habían aconsejado a sus padres que le alejasen una temporada de su esposa —que está encinta—, pues la débil constitución del joven Juan se resiente por el uso del matrimonio, que practica de modo constante, incansable; dicen que diariamente, desde que se casó. Pero la reina Isabel se negó en rotundo, aduciendo los deberes naturales de todo marido cristiano.

La alcoba está medio en penumbra; la llama vacilante de dos hachones recorta las figuras del médico salmantino La Parra y de la princesa Margarita, que sigue anhelante la exploración que el reputado físico está haciendo a su esposo. Termina; va hacia ella, jugueteando con dedos nerviosos en la trompetilla que usó para auscultarle. Sólo dice tres palabras:

—Está muy grave.

Margarita se lleva la mano a los labios, para ahogar un sollozo. Juan parece dormitar.

—La fiebre es altísima...

—Entonces...

—Creo indispensable avisar con toda urgencia a los reyes...

Los reyes están lejos, en Valencia de Alcántara, preparando la boda de su hija Isabel con don Manuel de Portugal. Hacia allá sale, a uña de caballo, un correo; al conocer la noticia, la reina Isabel quiere partir en seguida, pero Fernando la convence para que aguarde, pues no está bien de salud, y es él quien cabalga, a galope tendido, para recorrer lo antes posible las cien millas que le separan de Salamanca. Llega el 4 de octubre; su hijo está agonizando. Pero mantiene una absoluta lucidez y su breve diálogo con el rey estremece a cuantos lo escuchan.

—Voy a dejaros, padre. El Señor me llama y en su benevolencia confío.

—Habed paciencia, querido hijo, pues si Dios os llama, es Él mayor rey que ningún otro y a su lado encontraréis reinos y señoríos mayores y mejores que éste que teníais y esperabais.

—Os encarezco, padre, que cuidéis de mi esposa y de la criatura que lleva en sus entrañas. Por mí no sufráis, que muero confortado. Aunque ahora mismo me preocupe el ánimo de mi madre, pues mucho nos amamos...

—Mucho os amáis, en efecto; más también ella sabe que es forzoso que recibamos la muerte alguna vez, con la esperanza de que es para alcanzar y vivir la gloria. Tened corazón, pues, para así aceptarla.

—Dios Nuestro Señor sabe que lo tengo...

El médico indica a don Fernando que no es prudente seguir hablando. De rodillas junto al lecho, Margarita se agarra con desesperación a la mano del príncipe, fría como el mármol. Fray Tomás de Torquemada, que horas

156

antes le ha confesado, se acerca y musita unas oraciones. De pronto, Juan abre mucho los ojos, exhala un débil suspiro e inclina la cabeza. Ha muerto.

La triste noticia se extiende rápidamente por Salamanca, causando una pena infinita en el pueblo. La reina no la conocerá hasta el siguiente día; el propio rey vuelve a Valencia de Alcántara, pues quiere dársela personalmente. Isabel se acerca impaciente a su marido, en cuanto entra en la alcoba. Le encuentra el rostro alterado y su corazón de madre no se engaña.

—¡Decidme la verdad! —exige.

—Nuestro hijo ya está con Dios.

Isabel siente como un vacío; a punto está de perder el sentido. Pero la turbación sólo le dura unos segundos; aguantando el inmenso dolor, que quiere manifestarse en lágrimas, dice con profunda convicción.

—El Señor nos lo dio; el Señor nos lo ha quitado...

La ejemplar serenidad de la reina y su indudable resignación cristiana nunca pudieron evitar, sin embargo, que, en adelante, su vida ya no fuera igual. Eran muchas las pruebas a las que la Providencia, tan magnánima con ella en otras ocasiones, iba a someterla a partir de ésta, quizá la que más le afectó. El cronista Bernáldez refleja con precisión su estado de ánimo: *El primer cuchillo de dolor que traspasó el ánimo de la reina doña Isabel fue la muerte del príncipe. El segundo fue la muerte de doña Isabel, su primera hija, reina de Portugal. El tercer cuchillo de dolor fue la muerte de don Miguel, su nieto, que ya con él se consolaba. Y desde estos tiempos, vivió sin placer la dicha reina, muy necesaria en Castilla y se acortó su vida y su salud.*

Nunca un luto había sido tan unánime en el reino. Cuarenta días cerraron las oficinas públicas y los oficios privados; enarbolaron banderas negras los torreones de ciudades, fortalezas y palacios; tanta cera se quemó, que no fue bastante la de Salamanca y hubo que traerla de Segovia. El túmulo, rodeado de verjas, labradas por manos expertas de moros artesanos, estaba alumbrado por cuatro candeleros de hierro, con otros tantos hachones y le dieron guardia nobles y cortesanos, todos vestidos de negro riguroso. Fueron las honras —cuenta un cronista— *las más llenas de duelo y tristeza que nunca antes se hubiesen hecho en España por príncipe ni por rey alguno.* El cadáver del príncipe fue enterrado en la nave central del convento de Santo Tomás, en Ávila y Domenico Fancelli realizó la figura yacente y demás detalles ornamentales del sepulcro, que allí sigue estando, para admiración de visitantes.

Pedro Mártir de Anglería escribió que con el príncipe Juan *se enterraba la esperanza de España entera*. La imaginación popular, siempre propicia a exaltar las vertientes sentimentales, habló desde un principio —y así ha llegado hasta la actual historiografía— del *príncipe que murió de amor*. Sin pensar para nada en los problemas políticos que la pérdida de su hijo suponía, Isabel le recordó y le lloró hasta sus últimos días: no en vano había sido su *ángel*.

Aumentando el dolor familiar, la princesa Margarita perdió el hijo que esperaba, a las pocas semanas de morir su esposo. Continuaba manifestándose, inexorable, el *fatum* que ya no abandonaría nunca a los descendientes de la reina católica. Cuya fe tendría que resultarle imprescindible para sobreponerse a tanta desgracia acumulada.

* * *

Mal iban las cosas en el matrimonio de Juana con el archiduque Felipe; las noticias que llegaban a la Corte aconsejaron a los reyes enviar a Bruselas en 1498 al comendador Londoño y a fray Tomás de Matienzo, para que acreditasen personalmente la certeza o falsedad de los rumores que corrían. Desgraciadamente, los comisionados pudieron comprobar que la archiduquesa mostraba una conducta extraña, descuidando sus deberes religiosos y situada en abierta hostilidad con el ambiente que la rodeaba en la corte flamenca. Su marido apenas le daba dinero, por lo que tampoco podía atender a sus servidores. Pero sobre todo, las relaciones con Felipe *el Hermoso*, así las íntimas como las públicas, se hallaban gravemente deterioradas.

En noviembre de aquel año, Juana dio a luz su primera hija, Leonor. Pero con ello no mejoró la vida conyugal, sino al contrario; su esposo dejó de prestarle la mínima atención que durante el embarazo le había concedido. Aumentó con ello la neurosis de la archiduquesa, cuya obsesión erótica hacia su indiferente esposo resultaba evidente. La crisis sentimental iba a complicarse con la política, dada la creciente inclinación de Felipe hacia Francia, con la que deterioraba también sus relaciones con sus suegros, los Reyes Católicos.

Curiosamente, con la muerte del príncipe Miguel, hijo del rey de Portugal y su difunta esposa Isabel, hija mayor de Isabel y Fernando, la herencia de la corona de España iba a recaer en Juana y, por tanto, en su consorte. Los mal avenidos esposos adquirían el título de Príncipes de Asturias; y aunque las infidelidades del hermoso archiduque continuaban siendo habituales y hasta escandalosas, la pasión que su mujer sentía por él le hizo traer al mundo todavía cinco hijos más. El segundo de la media docena (prolija descendencia, que demuestra la capacidad amatoria de don Felipe y la buena disposición ante sus encantos de su esposa, pese a devaneos y abandonos) quiso la madre, incitada por su cuñada Margarita, que se llamase Juan como su fallecido hermano, el príncipe. Pero el archiduque impuso también en esto su omnímoda voluntad, y el niño recibió el nombre de Carlos, tan tradicional en la casa de Borgoña. Andando el tiempo sería I de España y V de Alemania y en sus dominios no se pondría el sol.

A medida que pasaban los años, Juana empeoraba de su neurosis; en la corte flamenca comenzaba a tenérsela por loca. Como también Felipe seguía terco en su francofilia, hasta el punto de proyectar la boda del niño Carlos con una princesa francesa, los Reyes Católicos pusieron especial empeño en hacerles venir a España, tanto por razones afectivas respecto de su hija, cuyo delicado estado de salud mucho les preocupaba, cuanto con la intención de atraer a su marido a la política europea de Fernando. Se resistió el archiduque; pero el señuelo de jurar como Príncipe de Asturias y, por tanto, futuro rey consorte, le decidió por fin a hacerlo.

Y Juana y Felipe emprendieron viaje a España con abundante escolta flamenca y cien carros, que transportaban su equipaje. Las relaciones entre los cónyuges habían llegado a una situación límite; también los nervios de la archiduquesa y heredera del trono de España. El 29 de enero de 1502, los futuros reyes entraron en Fuenterrabía, siguiendo hacia Madrid por Vitoria, Burgos, Valladolid y Segovia, aunque los carros tuvieron que regresar a Flandes, dado el pésimo estado de los caminos en las Vascongadas. En Toledo se reunieron con los reyes; pronto Isabel pudo comprobar, con la natural tristeza, que la salud mental de su hija era muy precaria. Como también confirmó el claro distanciamiento de su marido, los pésimos modos con que la trataba y la enfermiza pasión que, sin embargo, Juana sentía por él.

Las Cortes de Castilla y las de Aragón reconocieron a los archiduques como futuros reyes; Felipe decide entonces regresar cuanto antes a su país, contra la opinión de Fernando y marcha en diciembre, dejando en Madrid a su esposa que está embarazada por tercera vez. A su paso por Francia y contrariamente a todas las instrucciones que le ha dado su suegro, el rey, firma un tratado en Lyon con Luis XII. Juana, desde que en marzo de 1503 ha dado a luz, no tiene otra obsesión que volver junto a su marido; nada le importa que su madre padezca dolencias continuas, que preocupan a los médicos. Más todavía: que se intensifican a consecuencia de las borrascosas escenas que le organiza su hija.

Está Isabel guardando cama en el Alcázar de Segovia, ya muy precaria su salud, cuando recibe un informe del cardenal Cisneros, en el que le plantea con toda crudeza la absoluta esquizofrenia de Juana: en el castillo de la Mota, en Medina, donde reside, pasa días enteros sin comer y apenas habla, sólo con la fijación de su marido en la cabeza. La reina, pese a su debilidad y achaques, marcha en busca de su hija, que ha abandonado el castillo y está viviendo en la cocina de los soldados de la guardia. Contará de ella, que *después me habló tan reciamente, con palabras de tanto desacatamiento y tan fuera de lo que una hija debe decir a su madre, que si yo no viera la disposición en que ella estaba, no se las sufriera en ninguna manera.*

Aunque la evidencia de la locura de Juana llevaba consigo graves consecuencias políticas —su incapacidad trastornaría el orden sucesorio; de no producirse, reinaría de hecho Felipe—, lo único que preocupó entonces a Isabel fue el problema humano de aquella hija, nuevo eslabón en la ya tan larga cadena de sus sufrimientos como madre. Juana partió al fin en busca de su idolatrado esposo (que en nada merecía semejante amor) el primero de marzo de 1504; ocho meses después iba a morir la reina Isabel. Sin duda en la agravación de sus dolencias físicas influyó definitivamente el hundimiento moral que la situación de su hija le había producido.

* * *

Sólo nos queda saber ya de la vida de María, penúltima de las hijas habidas por los reyes, que fue la última en casarse. Y que lo haría sin la menor ilusión, sometiéndose a lo que esta vez constituía un puro negocio de Estado: la muerte de su hermana Isabel, esposa del rey de Portugal, don Miguel, y la de su único hijo, el nieto predilecto de la reina católica, anticipaban la posibilidad de que el monarca, viudo, joven y poderoso, pudiese celebrar un nuevo matrimonio, que perturbara la alianza hispano-portuguesa, fundamental para la política europea de Fernando. Así que el soberano español decidió componerle el enlace con la única soltera que quedaba en la familia, que tenía entonces (1500) dieciocho años y era sumamente agraciada.

Lo que son las cosas: iba a ser éste el único matrimonio duradero y feliz. El rey don Manuel de Braganza aceptó en seguida la oferta (también le importaba mantener el *bloque ibérico*, que ya algunos entonces llamaron así, adelantándose a los siglos) y los trámites se llevaron a gran velocidad. El 20 de mayo fue firmado el acuerdo; los Reyes Católicos ofrecían una dote de 200 000 doblas, descontando las joyas personales, y el novio concedía en arras la tercera parte del valor de la dote, confiriendo a su esposa la condición de nacida en Portugal. Fernando è Isabel se obligaban asimismo a situar en Castilla una renta anual de cuatro millones y medio.

Era necesaria la dispensa pontificia, que Alejandro VI concedió, tras el habitual tira y afloja, del que obtuvo las inevitables ventajas familiares: entre otras, que su hijo Luis fuera nombrado arzobispo de Valencia, en sustitución de su hermano César. El matrimonio se celebró por poderes en Granada, el 24 de agosto de 1500, justo cuando se cumplían los dos años de la muerte de la princesa Isabel, anterior esposa del rey portugués y hermana de la nueva. El 20 de octubre entró María en Portugal, el país donde iba a reinar, con el acostumbrado séquito, que presidía el cardenal Mendoza. El soberano la esperaba en Alcaçer de Sal; allí se casaron, para llegar a Lisboa en noviembre.

Como dijimos, este matrimonio, hecho a contrapelo, resultó después el único dichoso de todos los contraídos por las hijas de los Reyes Católicos. María y Manuel tuvieron numerosa descendencia; una de sus hijas, la bellísima emperatriz Isabel, legó a Felipe II los derechos al trono de Portugal.

La historia —como la vida— tiene estas ironías. Porque también María, discreta, con poca personalidad, casi insignificante, era —de los cinco hijos de Isabel y Fernando— quien menos había gozado de la predilección de sus padres.

CAPÍTULO DÉCIMO

Acerca de las gloriosas campañas del Gran Capitán en Nápoles, últimas venturas de la reina Isabel, cuya salud preocupa seriamente

Antes de volver a los campos de Italia, donde Gonzalo Fernández de Córdoba va a conseguir entre 1500 y 1504 históricas hazañas, últimas satisfacciones para una reina Isabel a quien las amarguras familiares aniquilan la salud, acelerando su temprana muerte, merece la pena recapitular las líneas maestras de la política de los Reyes Católicos. La interior —bien lo hemos ido comprobando— partió siempre de dos obsesiones básicas: la unidad nacional y la religiosa. La primera comenzó a fraguarse con el matrimonio de Fernando e Isabel y la posterior proclamación de ésta como reina de Castilla y León; terminada felizmente la guerra civil y heredada por el monarca, a la muerte de su padre, la corona de Aragón, se consumaba la integración de los antes dispersos reinos españoles, a falta tan sólo de incorporar a ellos los dominios islámicos del Sur y el reino de Navarra, de anexión futura.

Conquistado por fin el reino de Granada, la península queda ya prácticamente bajo una misma corona, haciendo realidad el simbolismo heráldico del yugo y las flechas. La unidad territorial se asentaría en seguida en un nuevo orden civil que se manifestó en la profunda reorganización del Estado, orientada en principios de clara centralización del Ejecutivo y definitiva hegemonía del poder real sobre la oligarquía nobiliaria, hasta entonces tan importante. Todo ello supuso la introducción de nuevos principios políticos, de nuevas ideas administrativas, de nuevas formas de gobierno; en definitiva, una radical modernización del sistema, con el cual se consolidó la monarquía absoluta y se incrementó la riqueza del país, logrando su inmediata proyección al exterior. España será, por todo ello, *la primera gran nación que alcanza talla de tal* (Madariaga).

Fue fundamental el saneamiento de la Hacienda Pública, conseguido merced a la instauración de organismos recaudadores y censores, que terminaron con la anarquía económica y la dilapidación de los recursos antes imperantes. Por vez primera se regula la adquisición de divisas extranjeras y se contabilizan puntualmente todos los ingresos del erario público, así como sus gastos, reflejados, unos y otros, en los libros de la *Contaduría Mayor*, que aún se conservan en el archivo de Simancas. Las mayores partidas de éstos se refieren a los desembolsos que exigió la actividad bélica; especialmente las guerras de Italia, de 1495 a 1504. Tampoco resultaron pequeñas las inversiones efectuadas en ocasión de las bodas de las infantas; muy superiores aquéllos y éstas a los gastos originados por los viajes de Colón.

Otra de las innovaciones introducidas por la política de los Reyes Católicos en su Nuevo Estado fue la que pudiésemos llamar militarización del país. Frente a la multiplicidad de pequeños ejércitos feudales, entregados a la defensa de la causa de sus señores contra los nobles rivales, durante los largos períodos de la guerra civil, la unidad de España lleva consigo la centralización de toda la actividad castrense en un ejército real. Y la previsión de contar siempre con un potencial humano apto para integrarse de inmediato en él: por cédula expedida en 1495, se ordenaba a todos los súbditos que estuvieran provistos en sus casas de armamento, munición y vestuario de campaña, cuya cantidad y características dependían de las distintas categorías económicas.

La unidad religiosa, conseguida merced a medidas hoy tan rigurosamente cuestionadas como la expulsión de judíos y moriscos y la constante actividad del Tribunal de la Inquisición, resultó básica para facilitar semejantes logros políticos; es un tema que, insistimos, hay que enfocar situándolo en el contexto histórico en que tales medidas se produjeron; pues a finales del siglo XX y después del Concilio Vaticano II, nos resultan difícilmente justificables. En su época, sin embargo, se atuvieron a las directrices de la Iglesia Católica y fueron acordes con la general política de defensa de la Cristiandad frente a la amenaza infiel. Así lo entendían, sin duda, los reyes.

* * *

Las líneas maestras de la política exterior, conducida fundamentalmente por don Fernando, se basaron en la constante rivalidad con Francia, tenida como el enemigo natural de España, cuyo pujante poderío y cuyas apetencias de expansión en Europa fueron frenadas enérgicamente. Las alianzas con Portugal, Inglaterra y Flandes, reforzadas por la astuta operación matrimonial de las hijas de los monarcas (no obstante sus posteriores quiebras) permitieron iniciar la hegemonía española en el Continente. Las guerras de Italia, que repasaremos en seguida, supusieron su consolidación. Respecto del Pontificado, la actitud constante de Isabel y Fernando, estuvo marcada por una filial colaboración, sin abdicar por ello de sus derechos adquiridos. E incluso, llegado el momento en que Alejandro VI se excedió en su libertinaje personal, bien puede decirse que los reyes fueron más papistas que el papa.

Hay que reconocer en Isabel una clara vocación africanista, que sólo pudo apuntar, pues la inesperada aparición del ingente problema del Nuevo Mundo le obligó a volcarse —también muy personalmente— en su colonización y, como obsesión prioritaria, en la evangelización de sus gentes. Tiempo le dio, sin embargo, de disponer la ocupación de Melilla, llevada a cabo en septiembre de 1497 por Pedro de Estopiñán. Situada entre dos reinos islámicos rivales, Tremecén y Fez, la ciudad estaba entonces prácticamente deshabitada e incluso los musulmanes habían desmantelado sus defensas. A partir de su pacífica posesión, se revitalizó la población y el interés comercial de la ciudad, establecióse en ella una guarnición permanente, e incluso, a partir de 1499, una carabela y cuatro fustas comenzaron a realizar periódicos viajes entre la península y una plaza que ya se consideraba parte integrante de España.

Merece asimismo ser destacada la intuición de Isabel respecto de Gibraltar, como puerta de África y llave para el comercio con el continente negro. En enero de 1502, la plaza se reincorporaba a la Corona, a consecuencia de una orden directa de la reina a Garcilaso de la Vega, que la ocupó. Tenía una población de escasamente mil habitantes y había pertenecido hasta aquel momento a la casa de Niebla, del señorío del duque de Medina-Sidonia, a cuyo último titular se le garantizó la posesión hasta 1501. Del interés de Isabel por Gibraltar da pruebas la recomendación que dejó en su testamento: *que siempre tengan en la Corona la dicha ciudad.*

Melilla y Gibraltar: dos ciudades, hoy tan controvertidas, cuya españolidad, como vemos, se remonta al reinado de los Reyes Católicos.

* * *

Luis XII de Francia, sucesor en el trono de Carlos VIII, tardó poco en manifestar los mismos deseos absorcionistas que su antecesor, respecto de Milán y Nápoles. En 1499, la posición del rey napolitano Fadrique III, era inestable; a la enemiga de los Estados vecinos, se unía el feroz resentimiento del papa Alejandro VI, que no le perdonaba su negativa a acceder al matrimonio de su hija con el hijo del Papa, el cardenal César Borja, quien había decidido cambiar el capelo por el tálamo nupcial. (Con semejante finura describe Modesto Lafuente la escandalosa decisión del que fuera arzobispo de Valencia.) En vista de ello, el Pontífice signó una alianza con el rey francés —quien le prometió esposa para su vástago— que con Florencia, Venecia y otros estados italianos, se disponía a invadir Nápoles y el Milanesado.

Rápidamente conquistó Luis XII el ducado de Milán, preparándose para lanzar sus ejércitos contra Nápoles. Don Fadrique le ofreció varias fortalezas y un tributo; pero el monarca francés no aceptó la fórmula. Entonces, el rey de Nápoles solicitó ayuda del sultán de Constantinopla, Bayaceto, acérrimo enemigo de los cristianos, que ya ocupaba algunas comarcas venecianas. Entró en juego, llegado este momento, la astucia diplomática de don Fernando, que alegando razones dinásticas —sus derechos como legítimo heredero de Alfonso V a la corona de Nápoles— y religiosas —el incalificable hecho de que don Fadrique se aliara con los infieles— propuso al monarca francés el reparto del reino napolitano. Por supuesto que, además de conseguir esta mejora, el marido de Isabel aspiraba a evitar problemas en su reino de Sicilia, tan próximo.

Al propio tiempo —mayo de 1500—, Gonzalo Fernández de Córdoba salía de Málaga, al mando de una potente escuadra —sesenta naves— con cerca de cinco mil soldados, vascos la mayoría de ellos. Unióse en Mesina con la armada veneciana y al saber de su presencia y sin entrar en combate, se retiró la turca a Constantinopla. Ya en tierra, las tropas se dirigieron a la toma de Cefalonia, que sitiaron. Allí usaron por vez primera los otomanos un arma nueva, una máquina con garfios, que agarraban a los soldados por las armaduras, levantándoles en alto, para estrellarlos después contra el suelo. Por su parte, las fuerzas del Gran Capitán ensayaron un sistema de minas, inventado por Pedro Navarro, que iba a resultar decisivo en la conquista de fortalezas amuralladas. Se tomó la plaza y meses después, Luis XII y Fernando el Católico firmaban en Chambord el previsto tratado, que se llamó de Granada, porque allí fue ratificado por el monarca español: éste reinaría en Calabria y Apulia, mientras el francés lo haría en la ciudad de Nápoles y los Abruzzos, además de renunciar a toda pretensión sobre el Rosellón y la Cerdaña.

La conclusión del tratado permaneció durante varios meses en el más riguroso secreto, hasta que se le comunicó al Papa, por mediación de un embajador especial, Francisco de Rojas, en marzo de 1501. Alejandro VI se mostró complacidísimo, olvidó en seguida su cercana ruptura con el rey español y confirmó el reparto de Nápoles, aliándose expresamente con Francia y España contra los turcos, sin importarle en absoluto la reacción indignada de los italianos, que le consideraron traidor.

Había que llevar a cabo la conquista de Nápoles. Para Luis XII, que la comenzó por Caputa, no tuvo especial dificultad hacerse con la porción de territorio que se le había adjudicado. Más difícil lo iba a tener El Gran Capitán, partiendo de Calabria. Además, sus soldados cobraban mal y tarde, lo que los tenía profundamente irritados. Se dieron, incluso amagos de indisciplina; un infante osó colocar la pica sobre el pecho de don Gonzalo. Apartóla éste sin inmutarse, mientras le decía:

—Mira lo que haces y alza esa pica, no vayas a herirme sin querer.

Un capitán vizcaíno, como oyera al Gran Capitán asegurar a la tropa que pronto podría pagarle el dinero que le adeudaba, comentó en alta voz:

—Mejor será que vaya tu hija a ganarlo por ahí.

Aparentó don Gonzalo que no le oía; a la mañana siguiente, el cadáver del capitán colgaba de la ventana de su aposento. Fórmula tan expeditiva hizo renacer, naturalmente, la disciplina. La moral se recobró al rendirse Tarento poco después y entregarse con la plaza el hijo del rey don Fadrique, el joven duque de Calabria, a quien Fernández de Córdoba, sin hacer el menor caso de solemnes promesas efectuadas a la hora de establecer los términos de la rendición, envió a España como prisionero.

El tratado de Chambord (o de Granada) duró poco; las

escaramuzas entre franceses y españoles resultaban constantes, a consecuencia de discusiones sobre los respectivos límites de soberanía. Y pese a las negociaciones que entablaron, en tres fases distintas, los representantes de ambos monarcas, en Atella y en Malfi, las hostilidades quedaron formalmente rotas en junio de 1502. Nuevamente iban a enfrentarse Aubigny y El Gran Capitán, que otra vez se encontraba en clara situación de inferioridad en cuanto a tropas y armamento. En el ejército francés, mucho mejor pertrechado, figuraba, además, la élite de los militares; entre ellos, el famoso Bayardo, *el caballero sin miedo y sin tacha.*

La guerra tuvo unos comienzos singulares; como en sus cercanos tiempos de aliados, mucho habían discutido españoles y franceses sobre que aquéllos eran tan buenos como éstos luchando a pie, pero no podían igualárseles a caballo, enviaron los de Aubigny un mensaje a Barletta —ciudad donde tenía instalado su puesto de mando El Gran Capitán— retando a un desafío a once caballeros españoles contra otros tantos franceses, *para mostrar al mundo que eran ellos los mejores.* Aceptó Gonzalo, seleccionando a los suyos y el combate se celebró en el campo neutral de Trani; armados de punta en blanco se presentaron unos y otros, dividieron los padrinos el sol y las trompetas anunciaron el comienzo de la liza. Tras cinco horas de combate, los franceses propusieron terminarlo, reconociendo ser igual su destreza que la de los españoles. El valeroso García de Paredes intentó convencer a los suyos para que no aceptasen y siguieran la lucha; pero finalmente, los jueces dieron por acabado el desafío mediante aquella fórmula.

Al regresar a su campo, se vanagloriaron los caballeros elegidos por El Gran Capitán del éxito que suponía que sus enemigos hubiesen hecho pública manifestación de que eran tan buenos como ellos; don Gonzalo, secamente, les contestó:

—Por mejores os envié yo.

Aparte semejantes hechos anecdóticos, la situación de las fuerzas españolas en Barletta era difícil y los refuerzos no llegaban. Dispuso El Gran Capitán un despliegue de sus tropas en guarniciones fortificadas sobre el litoral, que serían abastecidas por la flota, imponiendo la táctica de pequeñas escaramuzas de desgaste, pero rehuyendo cualquier enfrentamiento frontal, que le hubiese resultado negativo: a los formidables piqueros suizos que figuraban en el ejército de Luis XII y a sus 26 cañones, sólo podía

oponer la movilidad de sus jinetes y la capacidad manio-
brera de sus infantes; su artillería se limitaba a 18 piezas.

El genio militar de Gonzalo Fernández de Córdoba le
hizo plantear entonces una guerra de posiciones; así, aun
cuando los franceses tomaron Canosa, no se atrevieron a
atacar el siguiente bastión, Andria. Provocó el duque de
Nemours a su enemigo, para que saliendo de Barletta plan-
teara lucha abierta; el español no cayó en la trampa. Los
combates se desarrollaban cumpliendo escrupulosamente
las leyes de la caballería y se pagaba rescate por los prisioneros, sobre tarifas que variaban según su graduación.
La táctica elástica del Gran Capitán le permitió ir trampeando una situación ciertamente difícil; de la que no podría salir definitivamente si no le enviaban ayudas. Mas sus
relaciones personales con Fernando el Católico atravesaban momentos críticos; por si algo faltara, decidió éste
enviar a Italia a don Luis Portocarrero, al mando de un
segundo ejército. Semejante medida no agradó en absoluto
a don Gonzalo, que se sintió herido en su orgullo.

Ocho meses se mantuvo el ejército español en Barletta,
lo que motivó su confraternización con la gente del país.
En ocasión de que un prisionero francés, alto oficial de las
tropas de Nemours, insultara a los soldados italianos, llamándoles cobardes, el noble alavés don Íñigo López defendió su honor. Inmediatamente, el caballero Héctor
Fieramosca se ofreció para mantener el valor de las
armas italianas, luchando con otros once compatriotas en
desafío a muerte contra otros tantos franceses. Aseguró
el campo don Gonzalo y se celebró el combate; cubiertos
por sus armaduras, los caballeros se enzarzaron en terrible liza, usando espadas y hachas cuando rompieron las
lanzas. Ganaron los italianos, que mataron un francés,
hirieron a otro y arrojaron a los demás del palenque.

Llegaron al fin los refuerzos y pasó a la ofensiva El
Gran Capitán. Atravesó el campo de Canas, célebre por
la victoria de Aníbal en las guerras púnicas y la jornada
resultó tan fatigosa, que tuvo que ordenar que cada jinete
llevase a las ancas un peón, dando ejemplo antes que
nadie, al montar en su caballo a un oficial alemán. Ya
frente a la villa de Ceriñola, se levantaron parapetos con
estacas, para detener a la caballería enemiga y formaron
las tropas en orden de batalla, sabiamente repartidos en
tres cuerpos.

Los hombres de Nemours iniciaron el ataque al atardecer. Uno de los primeros disparos de la artillería española motivó la caída de una chispa sobre el almacén de

pólvora, que hizo explosión, iluminando la voladura todo el campo. Don Gonzalo comentó a sus hombres:

—¡Buen ánimo, amigos! Ésas son las luminarias de la victoria.

Al redoble de sus tambores, avanza el ejército de Nemours, doscientos cincuenta jinetes en dos hileras, con su jefe al frente. Más atrás, setenta filas de cien hombres, los temibles suizos, con sus picas, reforzados por franceses e italianos. La artillería viene con ellos; en retaguardia quedan cuatrocientos caballeros. El Gran Capitán ha situado a sus tropas detrás de un talud; cuatrocientas lanzas, resguardadas por una bandera de tiradores; dos mil lansquenetes alemanes, más dos cuadros de dos mil infantes cada uno, mandados por García de Paredes y Pedro Navarro: su potencia de fuego es grande. A sus espaldas, dieciséis cañones se disponen a disparar por encima de sus cabezas. Y ochocientos jinetes forman un cuerpo autónomo, que acudirá adonde sea necesario.

El choque resulta brutal; las fuerzas francesas se ven detenidas en el talud; los disparos de los españoles causan estragos en los asaltantes. Impertérritos, los suizos continúan avanzando; pero las picas de los lansquenetes les producen tremendos estragos. De pronto, la caballería de reserva carga contra los lanceros, mientras la última línea se incorpora a la lucha. En poco menos de una hora, la batalla ha terminado. Más de tres mil franceses quedan muertos en el campo; entre ellos el duque de Nemours jefe de la tropa. El Gran Capitán recoge su cadáver y lo lleva a Barletta, donde es enterrado en el convento de San Francisco, rindiéndosele honores militares.

La victoria de Ceriñola coincide con la obtenida por Fernando de Andrade —que ha sucedido en el mando a Portocarrero, fallecido a poco de llegar a Italia— sobre el general Aubigny, en Seminara. La avalancha española ya no cesa; se rinden en días sucesivos Canosa, Malfi y otras ciudades y don Gonzalo decide caer sobre Nápoles. Sus soldados vuelven a amotinarse, porque no se les pagan los atrasos ni la mensualidad a que tienen derecho por su victoria, según costumbre del país; hay que acudir otra vez a escarmientos sangrientos. El 15 de mayo de 1503, el ejército español llega frente a Nápoles, que se le rinde y donde al siguiente día El Gran Capitán hace su entrada, bajo palio. Los napolitanos no quieren complicaciones con sus nuevos señores; los reciben con flores, vítores y gallardetes y se disponen a aceptar jubilosos a Fernando el Católico como rey, del mismo modo que, en los últimos ocho años, aclamaron sucesivamente a Fernando I, Alfonso II, Fernando II, Carlos VIII, Fadrique III y Luis XII. Su pragmatismo resulta indiscutible.

Para contentar a los soldados en sus lógicas demandas de dinero, don Gonzalo ha de acudir a los prestamistas italianos, que le adelantan lo necesario, a un interés muy crecido. Reorganiza el gobierno y la economía de la ciudad y se apresta a completar la acción bélica con la conquista de los dos castillos que todavía quedan en poder de los franceses: Castilnovo y el Uovo. El más importante es el primero; Pedro Navarro construye varias de sus infalibles minas debajo de las murallas, que estallan el 12 de junio. La explosión resulta tan violenta, que la tierra arrancada rellena los fosos, facilitando así la entrada en tromba de la infantería. Se defienden los franceses con coraje, lanzando aceite hirviendo sobre los asaltantes. El propio Gran Capitán toma el mando de las avanzadillas y finalmente la fortaleza se rinde. En premio al valor demostrado por sus hombres, Fernández de Córdoba autoriza el saqueo del castillo; alhajas, oro, provisiones, sedas y brocados pasan a manos de la enfebrecida soldadesca. Y como algunos se quejan de que han llegado tarde al reparto del botín, don Gonzalo les dice:

—Pues id a mi casa, tomad lo que hay en ella y os desquitaréis de vuestra mala fortuna.

No pensaba probablemente que su invitación sería tomada al pie de la letra; los soldados marcharon al palacio del príncipe de Salerno, donde había instalado su residencia, y lo saquearon a conciencia.

* * *

Las derrotas de Seminara y Ceriñola irritaron grandemente a Luis XII, que entendía, además, que Fernando el Católico había incumplido el tratado que en Lyon firmó Felipe el Hermoso; aun a sabiendas de que nunca el rey español había autorizado a su francófilo yerno para aceptar aquellas obligaciones. El monarca galo, necesitado de recobrar su perdido prestigio, organizó en 1503 una triple acción guerrera contra España: simultáneamente, sus ejércitos atacarían Navarra, el Rosellón y Nápoles. Al frente de las respectivas operaciones fueron colocados Alain de Albret, el mariscal De Rieux y el mariscal de La Tremouille.

Preparó Fernando la defensa, con su habitual buen

sentido táctico y sin olvidar en ningún momento la acción diplomática. Gracias a ésta, la ofensiva francesa contra Navarra quedó prácticamente inédita y el único intento de penetración del ejército de Albret en el valle de Roncal fue abortado por sus propios habitantes. Mayor riesgo presentaba la acción del mariscal De Rieux sobre el Rosellón; el Rey Católico fortificó Salses y Colliure y situó en Perpignan un importante contingente de tropas castellanas, al mando del duque de Alba, esperando que el enemigo se decidiera a atacar.

En esta época —finales del verano de 1503—, Isabel estaba enferma en Segovia, víctima ya de las dolencias que apenas un año más tarde acabarían con su vida. A pesar de lo cual, colaboró con su conocida eficacia en los preparativos de la expedición bélica. Cercada Salses por los franceses y en peligro de ser tomado su castillo, el propio rey Fernando salió hacia Gerona, con importantes refuerzos; ordenando, además, a Pedro de Estopiñán, el conquistador de Melilla, que llevara a los puertos catalanes seis galeotas y cuantas naves de veinticinco remeros pudiese reunir, para hacer frente a la escuadra enemiga, anclada en Colliure.

El duque de Alba, que ha logrado forzar el cerco de Salses, avanza hasta Rivesaltes, ya en la retaguardia francesa; pocos días más tarde —mediados de octubre— don Fernando toma Perpignan. El poderoso ejército que en tan pocas semanas ha puesto en pie de guerra, pasa a la ofensiva; las fuerzas de De Rieux levantan el campo, prenden fuego a las tiendas, cargan la artillería a lomos de las mulas y se retiran, con tanto orden como premura. A comienzos de noviembre, el rey de España ha conquistado Leucate y varias aldeas, más allá de la frontera francesa e incluso dispone de una vía de penetración hacia el interior, por el camino de Narbonne.

Recibe Isabel en Segovia las buenas noticias de la campaña; pero la enfermedad ha minado fatalmente su antiguo temple combativo, además de aumentar su natural piadoso de siempre. Le consta que los ejércitos de su marido se encuentran en inmejorable disposición para invadir Francia, con altas probabilidades de triunfar en el empeño. Sin embargo, escribe a Fernando, recordándole que nunca fue partidaria de tomar iniciativas bélicas contra otras naciones cristianas y pidiéndole que evite, en lo posible, un mayor derramamiento de sangre. El 15 de noviembre, dos mujeres —Margarita de Austria y Ana de Bretaña—, en representación de los respectivos monarcas, firman una tregua entre España y Francia, de la que se excluye la guerra de Nápoles.

* * *

Pues en Nápoles, Luis XII ha puesto todas sus esperanzas en el colosal ejército que manda La Tremouille, primer militar de Francia, y del que forman parte los aguerridos infantes suizos, la más escogida caballería francesa, un tren de artillería que nunca hasta entonces se había conocido y caballeros y nobles de las mejores estirpes. En total, casi treinta mil hombres, bien pertrechados y dispuestos a vengar anteriores reveses. Cruzan la Lombardía, en el verano de 1503 y se detienen en Parma, al conocerse la noticia de la muerte del papa Alejandro VI, de quien se cuenta que ha fallecido al beber por error un vino envenenado, que su hijo César tenía dispuesto para darlo, durante una cena, a unos cardenales a quienes pensaba eliminar. El propio envenenador fue también víctima de la equivocación, aunque su robusta naturaleza le permitió sobreponerse; dicen que, para salvarle, lo metieron dentro del vientre de una mula recién muerta, remedio que los físicos recomendaban como eficaz antídoto en estos casos.

Al disoluto Alejandro le sucede en la silla pontificia el cardenal de Siena, Pío III, tan pro español, que apenas nombrado, confiere a don Fernando el Católico la investidura del reino de Nápoles. Pero su papado resultó brevísimo; murió al mes de su exaltación. Para entonces, César Borja se había unido, con sus tropas, al ejército francés, aunque muchos de sus soldados —entre los que abundaban los españoles— fueron convencidos por el gran negociador Francisco de Rojas para que se incorporasen a las huestes del rey católico.

A los cuatro días de la elección de Pío III, reanudó su marcha hacia Nápoles el ejército de Luis XII; enfermo el mariscal de La Tremouille, le relevó en el mando el italiano Francesco Gonzaga, marqués de Mantua, con gran descontento de los capitanes franceses, a quienes no satisfacía verse mandados por un extranjero. Se renueva al tiempo la guerra de las bravatas; poco antes de enfermar, La Tremouille ha dicho ante numerosa audiencia:

—Daría yo veinte mil ducados por hallar al Gran Capitán en el campo de Viterbo.

A lo que contestó el embajador español en Venecia:

—El doble hubiera dado el duque de Nemours por no encontrárselo en Ceriñola.

Nuevamente Gonzalo de Córdoba se halla en inferioridad numérica frente a sus enemigos. Afortunadamente, la lentitud del avance francés le permite retirarse de las posiciones menos guarnecidas, haciéndose firme en otras, estratégicamente situadas; especialmente en el paso del Garellano. Para cumplir sus planes tácticos, necesita dominar enteramente la zona de San Germano, lo que exige la ocupación del monasterio de Montecassino, una auténtica fortaleza. Pedro Navarro se encarga de conquistarla, con la heroica ayuda de los capitanes vizcaínos Ochoa y Arteaga que, como todos sus paisanos —muchos vascos formaban en el ejército del Gran Capitán— siempre habían destacado por su entusiasmo en el servicio de España.

El 15 de octubre comenzó su ofensiva desde Gaeta el marqués de Mantua. Previamente, envió a un trompeta, Rigat, intimando a los defensores a la rendición; el infeliz emisario fue colgado de un olivo por orden de los capitanes Zamudio y Pizarro (padre, éste, del futuro conquistador del Perú). Los esforzados ataques franceses duraron tres días y los asaltos de sus infantes serían reiteradamente rechazados, pese a la fuerte preparación artillera que les precedió. El resto del mes resultó pródigo en escaramuzas y batallas menores; una de mayor entidad se desarrolló a orillas del Garellano, con personal intervención del Gran Capitán y tan valerosa fue la actitud de sus soldados, que Francesco Gonzaga comentó que *más parecían espíritus aéreos que hombres de carne y hueso.*

A raíz de este nuevo fracaso, el marqués de Mantua cede el mando del ejército francés en favor del marqués de Saluzzo y regresa a sus estados. Bien lamenta haber dicho en anterior ocasión a su compañero de armas Ivo d'Alegre:

—No comprendo cómo os dejasteis desbaratar en Ceriñola por aquella canalla...

Pues ahora recibe la respuesta de su amigo:

—Éstos son los españoles que nos desbarataron, a quienes llamabais canalla.

Pese a que las torrenciales lluvias inundan el campamento, dificultando grandemente los movimientos de la tropa, El Gran Capitán toma la decisión, considerada imprudente por muchos de sus oficiales, de permanecer a todo trance en Garellano. Y contesta a sus reconvenciones:

—Quedar aquí es lo que conviene al mejor servicio de

los reyes y para el logro de la victoria. Sabed que más quiero la muerte dando dos pasos adelante, que vivir cien años, dando un solo paso hacia atrás.

El ejemplo diario de su jefe, que compartía todos sus sufrimientos, lograba mantener la moral de los soldados, mal comidos, con numerosos enfermos y, según costumbre, retrasados en el cobro. No era mejor la situación de los franceses, excepto en el tema económico. Reforzó al ejército español, gracias a la siempre eficaz labor negociadora del embajador Francisco de Rojas, una tropa italiana de tres mil hombres, mandados por Bartolomé D'Alviano, el cual aprobó con entusiasmo el plan de don Gonzalo de construir un puente más arriba de las posiciones que ocupaban ambos ejércitos, para poder cruzar el río y sorprender así al enemigo por sus flancos. Hubo que aplazar la realización del proyecto a causa de un nuevo temporal de lluvias; hasta que el 28 de diciembre pudo tenderse el puente —utilizando tres barcas y unos carros— y D'Alviano, a quien El Gran Capitán había nombrado su lugarteniente, atravesó el Garellano con 3 000 peones; seguíanle don Gonzalo, con caballería ligera y dos mil piqueros alemanes. Y, según costumbre, una tropa que aseguraba la retaguardia.

El éxito fue total: tras breve resistencia, los franceses abandonaron el campo, teniendo que dejar entre el fango buena parte de su famosa artillería. Frenó su avance el generalísimo español, pernoctando en Castelforte, donde reposaron sus soldados. Al siguiente día, D'Alviano, con las primeras luces del alba, llega al campamento francés y lo encuentra abandonado; en su huida, los enemigos han perdido banderas, provisiones y bagajes. Comprende don Gonzalo que no puede darles tregua y lanza la caballería de Próspero Colonna en su persecución, mientras los ingenieros reponen el puente, que se había hundido. Al frente de sus hombres marcha El Gran Capitán, con el famoso penacho blanco de su casco al viento. Resbala su caballo en el barro; le descabalga. Pero se levanta presto y dice, sonriendo:

—Ea, amigos, que pues la tierra nos abraza, bien nos quiere.

En Mola se produce el último enfrentamiento; hay un momento de sumo peligro, cuando los lanceros franceses parecen reaccionar y cierran sus cuadros, ante una vacilación de los alemanes que combaten con don Gonzalo. Éste se da cuenta; corre junto a la bandera de sus aliados, la toma y la alza, mientras les grita:

—¡Hermanos, me prometisteis vencer o morir!

Reaccionan los germanos, que tienden sus lanzas y avanzan con decisión. Muy oportunamente, aparece por los lejanos desmontes la infantería de D'Alviano; convencido de su impotencia, Saluzzo ordena la retirada hacia Gaeta. Ha concluido la batalla de Garellano, la más gloriosa acción de guerra del ejército español de Gonzalo Fernández de Córdoba, que el 30 de diciembre toma el monte Orlando y desde allí bombardea con saña Gaeta. Al otro día, Saluzzo y El Gran Capitán firman un acuerdo, en virtud del cual, no sólo se rinde Gaeta, sino también la parte del reino de Nápoles todavía en poder de los franceses. A los doce años de la conquista de Granada, el 2 de enero de 1504, las tropas españolas entran triunfalmente en la ciudad; quince días más tarde regresarán victoriosas a la capital napolitana, por cuyas calles desfila don Gonzalo con la pompa de un emperador romano.

Premió con largueza a sus colaboradores en el éxito —a Bartolomé D'Alviano, concediéndole una renta anual de ocho mil ducados— y se hizo cargo del gobierno y administración del reino. Sus capitanes García de Paredes, Colonna y Pedro Navarro, en bien combinadas operaciones, se ocuparían de liquidar los restos dispersos de enemigos que todavía pretendían combatir en los Abruzzos, Santa Severina, Policastro, Oliveto y Venosa. Llegado el verano, la guerra estaba prácticamente terminada.

En España se habían seguido con la natural emoción los avatares de la campaña de Nápoles. El rey Fernando, sin embargo, no ocultaba su enojo con Fernández de Córdoba, a quien acusaba de haber procedido siempre con excesiva independencia en la toma de sus decisiones militares; de arrogarse en exclusiva el nombramiento de los altos mandos del ejército y de negociar con César Borja, contraviniendo las tajantes órdenes que él mismo le dio. También estaba quejoso por las prodigalidades tenidas con sus colaboradores a raíz de la victoria; hasta el punto de haber comentado:

—¡Qué importa que haya ganado para mí un reino, si lo reparte antes de que llegue a mis manos!

Por ello y para frenar lo que consideraban mala administración de don Gonzalo en Nápoles —de la que reciben constantes quejas—, los reyes designan y envían a Italia un procurador especial, don Alfonso de Deza, a quien explican el alcance de su misión, con palabras que bien pueden adjudicarse a Isabel, en una de las últimas manifestaciones de su constante preocupación religiosa, incluso en los temas meramente políticos: *Porque demos de ese reyno a Nuestro Señor la cuenta que le debemos y porque, de no hacerlo así, no la cargue sobre nuestras conciencias y almas.* (¿Sufriría la reina, al verse obligada a reprender tan seriamente a su admirado y predilecto militar?) En carta que envían al Gran Capitán, le recriminan por las noticias que les llegan sobre *los muchos malos tratamientos* dados a las gentes del recién conquistado país; y le exhortan para que *la honra que con tanto trabajo se ganó conquistando, no se pierda malgobernando.* Para terminar echándole en cara la causa de la situación *a ser la gente de guerra, mucha y mal pagada y tenerla vos mal mandada.*

La indiscutible arrogancia de don Gonzalo no pudo por menos de afrentarse ante tan duro reproche. De tal modo que, cuando en junio los reyes le ordenan que entregue a Luis de Peixó el cargo de alcaide de Castilnuovo, para el que le han designado —nueva humillación para su vanidad—, responde con una carta, el 20 de julio, solicitando ser relevado del mando del ejército de Italia; alega los habituales *motivos de salud*, clásico pretexto en estos casos para justificar una dimisión honrosa.

Por estas fechas el rey y la reina estaban enfermos. Don Fernando se sobrepondría pronto; en cambio, Isabel comenzaba a recorrer un penoso camino de dolorosas curas, inútiles remedios y estériles atenciones, que meses después la llevarían hasta la tumba.

EPÍLOGO

Desde que cumpliera los cuarenta, la reina Isabel no estaba bien de salud. Pero probablemente sus achaques hubiesen carecido de mayor importancia, de no influir tan decisivamente en ellos los *cuchillos de dolor* que fueron amargando su vida familiar, en la que padeció —ya lo vimos— toda clase de sinsabores. Muerto su predilecto hijo Juan; muerta la primogénita Isabel; muerto su nieto Miguel, la soberana, a los 53 años, ha de enfrentarse con una agobiante soledad afectiva. Se encuentran lejos sus hijas María y Catalina; ésta, además, inmersa en difíciles problemas conyugales. Y Juana, que pasa larga temporada junto a su madre, más valiera que no lo hubiese hecho, ya que sólo disgustos y tristezas le proporciona, con su lamentable *locura de amor*.

Pues recordemos que en noviembre de 1503, Isabel, que guarda cama en Segovia, es informada de los graves problemas que su hija está causando en Medina, al acentuarse su esquizofrenia con el recuerdo obsesivo de su marido *el Hermoso*, a quien no ve desde hace más de un año. La reina, muy debilitada por las sangrías y las purgas que le están aplicando, no duda, sin embargo, en ponerse inmediatamente en camino; aunque no a caballo, como tanto le placía en sus buenos tiempos, sino conducida en hangarillas. De este viaje escribirá ella misma: *vine aquí con más trabajo y prisa y haciendo mayores jornadas de que para mi salud convenía.*

179

Hasta marzo del siguiente año, cuando por fin Juana parte hacia Flandes, los días transcurren en constante angustia para Isabel, que padece frecuentes desaires de su hija y asiste, desesperada, al implacable avance de su demencia. Al daño moral se une la preocupación política, pues aquella desventurada está llamada a ceñir, en el futuro, la corona de España. Con admirable fortaleza sobrelleva una angustia que hace aumentar su fiebre y su mal estado general. Por si algo faltara, las primeras noticias que vienen de Bruselas, traídas por un correo especial, no pueden resultar más desoladoras: a su llegada, Juana se enteró de uno de los devaneos de su esposo y, en presencia de la corte, abofeteó (*como una brava leona*, dice el informe) a la amante de turno de Felipe; éste, irritado, maltrató a su mujer *y aun dicen que puso las manos en ella.*

En la Semana Santa de 1504, los reyes celebran con especial piedad los oficios y devociones tradicionales; don Fernando, el jueves santo, lava los pies de doce mendigos; al siguiente día, cumple rigurosamente el ayuno con su esposa. Por la tarde, un fuerte temblor de tierra se deja sentir en Medina; el pueblo se asusta y piensa que es anuncio de grandes catástrofes.

A comienzos de julio, Fernando también enferma, de cierto cuidado, aunque tarda poco en recuperarse. Para entonces, los médicos han diagnosticado a Isabel una hidropesía. A pesar de su postración, todavía celebra algunas audiencias y despacha puntualmente con su secretario, Gaspar de Grizio. Está viviendo, desde un principio, no en el castillo de la Mota —como erróneamente se dijo durante mucho tiempo— sino en el palacio que existe sobre la plaza de Medina, junto a la Colegiata de San Antolín, donde ordena hacer obras para que le llegue el aire del campo desde la huerta que hay en la parte de atrás.

En septiembre, el estado de la enferma se agrava. Fernando pide que venga desde Salamanca el famoso médico Fernando Álvarez, acompañado por un jurista, para atender al propio tiempo las dolencias físicas y los problemas legales que se avecinan. Asimismo, y bajo absoluto secreto, ordena comunicar la situación a Felipe y a Juana, que deben aprestarse para salir hacia España en cuanto se produzca un desenlace que ya parece inevitable. En todas las ciudades, villas y aldeas se organizan rogativas públicas pidiendo por la salud de Isabel; ella interesa que se hagan mayormente por la salvación de su alma, y con ese expreso encargo manda repartir limosnas a determinados monasterios.

Consciente de la gravedad de su estado, el 12 de octubre dicta su testamento a su secretario. Elige para hacerlo, precisamente, el día que se cumplen doce años de la llegada de Colón al Nuevo Mundo. El documento refleja perfectamente las profundas convicciones religiosas de la reina, su inteligente visión política y las no escasas dotes de sentido jurídico que le adornan. Revela asimismo una impresionante serenidad ante la muerte, natural consecuencia de su fe en Dios. En un repaso a su labor de gobierno, comienza reafirmando los principios básicos de su programa político: unidad de España, conservación de Gibraltar, atenciones a su esposo, sucesión dinástica y especialísimo cuidado de la religión y de sus ministros.

Pide ser enterrada en el convento de San Francisco, de Granada, vestida con hábito franciscano; pero advierte que si su marido eligiera sepultura para sí en otro lugar, su cuerpo deberá ser trasladado junto al de él, *porque el ayuntamiento que tuvimos viviendo e que espero en la misericordia de Dios que nuestras almas tendrán en el cielo, lo tengan e representen nuestros cuerpos en el suelo.* Ordena exequias sencillas, *sin colgaduras de luto e sin demasiadas hachas,* para que lo que había de gastarse en un funeral suntuoso se invierta en dar vestidos a los pobres.

Dispone una cantidad para el personal mantenimiento del rey, *aunque no puede ser tanto como Su Señoría merece e yo deseo* y le suplica que se quiera servir de todas sus joyas, *porque viéndolas pueda tener más continua memoria del singular amor que siempre le tuve y aun porque siempre se acuerde de que ha de morir y que lo espero en el otro siglo y con esta memoria pueda más santa e justamente morir.*

En lo tocante a su sucesión, designa heredera de todos sus reinos y señoríos a la princesa doña Juana, su hija, archiduquesa de Austria; mandando que sea reconocida reina de Castilla y León a su fallecimiento. Pero con la explícita condición de que ella y su esposo gobiernen conforme a las leyes, fueros, usos y costumbres de Castilla, prohibiéndoles conceder *a personas que no sean naturales de estos mis reynos e vecinos e moradores de ellos* ningún cargo público, civil ni religioso, ni oficios que supongan jurisdicción alguna, según relación detallada y precisa que incluye. Y previniendo la posibilidad de que Juana *non pudiera entender en la gobernación* —por supuesto, Isabel tiene muy presente la enfermedad mental de su hija—, nombra único regente, gobernador y administrador de los reinos de Castilla a su esposo don Fernando —como pidieron las Cortes en su momento—, hasta que el infante don Carlos cumpla los veinte años *y venga a estos reinos para regirlos y gobernarlos.* Nótese la exigencia de que el futuro monarca —Carlos I de España y V de Alemania— ejerza su reinado viniendo a residir en España, con lo que su abuela se anticipa al riesgo de que, por haber nacido y estar criado en Flandes, pudiera desarraigarse.

Pero no se contentó la reina con documento tan complejo; tres días antes de morir, el 23 de noviembre, aún otorgó un codicilo complementario que demuestra cómo, durante las cinco semanas transcurridas desde que dictara el testamento, todo su pensamiento había estado concentrado en la herencia política que dejaba. En la nueva declaración de voluntades, encarga al rey y a los príncipes, sus sucesores, que nombren una junta de letrados y personas doctas, para que recopilen todas las leyes y pragmáticas del reino, reduciéndolas a un solo cuerpo, donde esté *ordenadamente por sus títulos, por manera que con menos trabajo se puedan saber.* Alude asimismo a la reforma de monasterios y, teniendo dudas de conciencia respecto del impuesto de las alcabalas, ordena a sus testamentarios que, con la ayuda de personas de ciencia, averigüen bien y examinen cómo, cuándo y para qué se impuso aquel gravamen; si fue temporal o perpetuo; si hubo o no libre consentimiento de los pueblos y si debe perpetuarse *sin fatigar ni molestar* a sus súbditos e incluso si cabe suprimirlo o moderarlo.

Y dedica especiales encomiendas, por último, al trato que hay que dar a los naturales del Nuevo Mundo, ordenando al rey y sus sucesores que pongan toda su diligencia *para no consentir ni dar lugar a que los moradores de las Indias y Tierra Firme, ganadas y por ganar, reciban agravio alguno en sus personas y bienes, sino que sean bien y justamente tratados y si algún agravio hubiesen recibido, se les remediase y proveyese .*

Luis Suárez resume así las últimas voluntades de la reina católica: *Pieza histórica y humana de primer orden. De sus páginas emerge poderosa la fe católica que, en vida, fue el eje en torno al cual giró el entero pensamiento de la reina.*

* * *

El mismo día que dictaba Isabel el codicilo, llegó a Medina un despacho, procedente de Flandes, facilitando nuevas y lamentables noticias de Juana. Su marido había despedido a las criadas españolas de su mujer; y como ella se resistiera, la encerró en una cámara. Durante toda la noche estuvo la desdichada archiduquesa golpeando el suelo con un palo, a la vez que intentaba horadar las losas con un cuchillo, ante la indiferencia de Felipe, que dormía en la habitación del piso de abajo y a quien llamaba a voces, en pleno ataque de desesperación. Presumiblemente, Isabel murió sin conocer estas últimas y tan desagradables nuevas de su hija.

El 25 de noviembre recibió los santos sacramentos y la extremaunción; no consintió que se le descubrieran los pies para uncirlos con los santos óleos. Al siguiente día, miércoles, 26 de noviembre de 1504, siendo la hora del mediodía, expiró. Tenía exactamente cincuenta y tres años y siete meses de edad y faltaban sólo diecisiete días para que se cumplieran los treinta años de su reinado.

* * *

El rey viudo comunicó a sus súbditos la triste noticia, el mismo 26, en una carta —escribió varias otras, personales, a las altas autoridades de sus reinos— en la que les dice que su muerte *es para mí el mayor trabajo que en esta vida me pudiera venir; por lo que en perderla perdí yo y perdieron todos estos reinos... pero viendo que ella murió tan santa y católicamente como vivió, es de esperar que Nuestro Señor la tiene en su gloria, que para ella es mejor y más perpetuo reino que los que acá tenía.* Hasta el 3 de diciembre no se supo en Murcia la noticia; al siguiente día llegó a Tarragona; el 18 a Navarra y el 22 la conoció el Papa Julio II, por mediación de un emisario del archiduque Felipe el Hermoso.

* * *

La comitiva sale de Medina del Campo, entre el silencio doloroso del pueblo que se agolpa a su paso. Nadie viste, sin embargo, los mariagnes o hábitos de luto, pues Isabel los ha prohibido en su testamento. Llueve desesperadamente; los prelados y nobles caballeros que acompañan a la reina en su último trayecto por las tierras de Castilla, tan llenas de sus recuerdos —Arévalo, Cardeñosa, Cebreros, Toledo— sufren con resignación el azote del temporal, que parece querer añadir el daño físico a la pena moral que a todos aflige. Los senderos están inundados, el fango cubre los caminos, los mulos y los caballos del cortejo fúnebre resbalan y caen de continuo. Para el cielo, negro de toda negritud, no cuenta la prohibición del luto.

Más etapas en la dolorosa marcha: Manzanares, Palacios, El Viso, Barcas de Espeluy, Jaén, Torre Campo. En todas partes, muchedumbres que aguantan el aguacero porque quieren despedir a su reina. Casi un mes dura la caminata, tan llena de dificultades y problemas; por fin, ya cercana la Navidad, se llega a Granada, *esa ciudad* —había escrito la reina católica— *que la tengo en más que mi vida.*

También ha ordenado que su cuerpo, *vestido con el hábito del bienaventurado pobre de Jesucristo, san Francisco*, sea colocado *en una sepultura baja, que no tenga bulto alguno, salvo una losa llana en el suelo.* Así se la entierra, tal como deseó, en el monasterio de San Francisco de la Alhambra. Dos viejos y fidelísimos servidores, su antiguo confesor, fray Hernando y el conde de Tendilla, reciben el cadáver y cuidan de hacerlo. Cuando muera su esposo don Fernando, cumpliendo otra de sus voluntades, serán llevados los restos a un soberbio mausoleo en la capilla real de la catedral de Granada, donde hoy reposan, juntos los dos, como —pese a todas las vicisitudes— lo estuvieron en vida.

Alguien propuso una inscripción para la tumba de Isabel, *ipsa laudabitur*: por sí misma será alabada. Y en verdad que ninguna otra fuera mejor.

APÉNDICE

El historiador y teólogo Modesto Lafuente se dirige a las autoridades eclesiásticas españolas a finales del siglo XIX: *Confesamos* —les dice— *no comprender cómo no está la reina Isabel la Católica en la nómina de los escogidos.* A partir de 1904, fray Zacarías Martínez, arzobispo de Compostela, paladín de la santidad de la soberana, sugiere que se abra una causa de beatificación; apoyan más tarde la idea el conde de Cendillo, en la Real Academia de la Historia y desde la Unversidad de Madrid, su rector, don Pío Zabala, y el catedrático de Historia, don Fernando Brieva.

Tras unos sondeos diplomáticos en Roma, efectuados por el cardenal-arzobispo de Granada, monseñor Casanova (1924), durante el Congreso Mariano Hispanoamericano, celebrado en Sevilla, en 1929, se plantea públicamente el tema de la beatificación de la reina, como primer paso para su canonización, a cuya propuesta se suman los arzobispos de Granada, Valladolid y Toledo y el nuncio de Su Santidad, monseñor Ragonesi.

En ocasión del quinto centenario del nacimiento de Isabel (1951), el entonces ministro de Educación, don José Ibáñez Martín, recogiendo las aspiraciones de numerosas asociaciones de damas católicas de España y de América, reflejadas en acta levantada durante el Congreso Femenino Hispanoamericano, visitó en el Vaticano a los dos sustitutos de Estado, monseñores Tardini y Montini, interesando la incoación de la causa, que, por fin se abría en el Arzobispado de Valladolid, en 1958. El 23 de abril fue nombrado el postulador, y el 3 de mayo, la primera comisión histórica, cuyos trabajos terminarían en 1970. Un rescripto de la Sagrada Congregación de Ritos, de 3 de julio de ese mismo año, autorizaba al arzobispo de Valladolid para abrir el *proceso ordinario*, comenzado el 26 de noviembre de 1971 y clausurado el 15 de noviembre de 1972.

El 20 del mismo mes y año tenía lugar la apertura canónica del proceso en la Sagrada Congregación de Ritos del Vaticano. Concluía en Roma el primer proceso de la causa, el de los *Escritos de la Sierva de Dios*, con la aprobación, el 30 de marzo de 1974, de la *positio super scriptis*, por la Sagrada Congregación para la Causa de los Santos.

Tal es la situación del proceso.

FUENTES BIBLIOGRÁFICAS

Especial cuidado apliqué a la búsqueda de fuentes bibliográficas en las que basar la documentación histórica indispensable para escribir esta versión de la vida de la reina Isabel la Católica. Me he apoyado, en primer lugar, en el tomo XVII (dos volúmenes) de la monumental *Historia de España* dirigida por Ramón Menéndez Pidal (Espasa Calpe, 1981), dedicado a *La España de los Reyes Católicos*. Además de una preciosa *Introducción* del propio don Ramón, los estudios de los profesores don Luis Suárez Fernández y don Juan de M. Carriazo me proporcionaron referencias muy valiosas.

Como asimismo fray Tarsicio de Azcona O. F. M. en su *Isabel la Católica* (Biblioteca de Autores Cristianos, 1964; reeditada por Sarpe en 1986), donde el acopio documental resulta ciertamente admirable. En *Perfil moral de Isabel la Católica*, de Vicente Rodríguez Valencia (Valladolid, 1974), encontré importantes datos acerca de la vertiente religiosa y ética de la soberana. Y con singular deleite seguí la interpretación del personaje a través de Modesto Lafuente, en los tomos sexto y séptimo de su *Historia General de España* (Montaner y Simón, Editores, Barcelona, 1888). Las inevitables lagunas e incluso errores que aparecen en esta obra, consecuencia lógica de su antigüedad, quedan ampliamente compensados por la donosura descriptiva con que está escrita.

La vida de Isabel y Fernando, de Eugenio D'Ors (Editorial Juventud, Barcelona, 1982), supone una deliciosa y personalísima versión del admirable *Xenius* sobre aspectos diversos del reinado y de sus más destacados personajes, transmitida con la siempre esmerada prosa del maestro catalán. Por tratarse de un historiador norteamericano, me interesó vivamente *Isabel, la Cruzada*, de W. Thomas Walsh (Espasa Calpe, Madrid, 4.ª edición, 1963), no obstante las numerosas licencias e imprecisiones que contiene el libro, escrito con más entusiasmo que rigor. Muy completo, en cambio, en lo tocante a sus referencias documentales y enfocando con indudable originalidad la interpretación de los hechos históricos, *Castilla engendra España*, de Apolinar y Ramón de Rato (Madrid, 1979, finalista del premio *Espejo de España*), ofrece aspectos especialmente sugestivos al juzgar a varios de los personajes que rodearon a Isabel durante su reinado.

De Ediciones Urbión es la biografía escrita por Carmen Penella en 1983, *Isabel la Católica*, que no sigue un riguroso orden cronológico en la exposición de los sucesos del reinado, pero aporta notas ambientales y humanas ciertamente sugestivas. La *Isabel la Católica* de Santiago García Álvarez (Editorial Everest, 1979), por tratarse de un texto destinado a la divulgación de nuestro personaje entre los niños, sintetiza los aspectos principales de su vida, contados con simpática ingenuidad.

Tuve que consultar también otros libros y ensayos, ya no de carácter general, sino limitados a épocas o aspectos muy concretos del reinado de Isabel, que mucho sirvieron para matizar alguno de los capítulos. Así, *La Obra de Isabel la Católica*, de Manuel Ballesteros Gaibrois (Segovia, 1953); *Los moriscos del reino de Granada*, de Julio Caro Baroja (Madrid, 1957); *La Inquisición española*, del P. Bernardino Llorca S. J. (Comillas, 1942); *Isabel la Católica, fundadora de España*, de César Silió (Valladolid, 1938); *Fernando el Católico, príncipe de Aragón, rey de Sicilia*, de Jaime Vicens Vives (Madrid, 1952); *España: ensayo de historia contemporánea*, de Salvador de Madariaga (Espasa Calpe, Madrid, 11.ª edición, 1979); *La leyenda negra*, de Julián Juderías (Ed. Araluce, Barcelona, 9.ª edición, 1943); *Fernando el Católico*, de José Llampayas (Biblioteca Nueva, Madrid, 1941).

Y releí con especial agrado algunos cuentos granadinos de Washington Irving, cuyo colorido y amenidad compensan con creces las premeditadas licencias históricas en que pueden incurrir. Después de todo, ya advertí en el *Proemio* a esta *Isabel, camisa vieja* que, entre tanta contradicción como muchas veces aparece en los distintos relatos biográficos de la reina católica y no habiendo sido mi intención la de investigar, sino simplemente la de narrar con la mayor fluidez posible una historia apasionante, me he quedado con aquellas versiones que mejor cumplían a tal propósito. Aunque algunas de ellas pudieran no ser las más veraces.

Navacerrada, verano de 1987.

Índice onomástico

MEMORIA de la HISTORIA

Títulos publicados

1/Fernando Vizcaíno Casas
ISABEL, CAMISA VIEJA
El popularísimo escritor español aborda el género biográfico con gran rigor y amenidad.

2/Carlos Fisas
HISTORIAS DE LAS REINAS DE ESPAÑA
*La Casa de Austria
Una semblanza sorprendente de las grandes desconocidas de nuestra historia: las mujeres que compartieron el trono de España.

3/Juan Antonio Vallejo-Nágera
PERFILES HUMANOS
Protagonistas de la Historia vistos desde un ángulo insólito.

4/Juan Eslava Galán
YO, ANÍBAL
La figura trágica de Aníbal, que, haciendo honor a un juramento emitido en su infancia, se propuso sojuzgar a Roma y restituir a Cartago el dominio del Mediterráneo.

5/J. J. Benítez
YO, JULIO VERNE
Confesiones del más incomprendido de los genios.

6/Néstor Luján
LA VIDA COTIDIANA EN EL SIGLO DE ORO ESPAÑOL
Una visión amplísima y profunda de uno de los períodos más apasionantes de la historia de España.

7/Fernando Díaz-Plaja
A LA SOMBRA DE LA GUILLOTINA
La cara sangrienta de la Revolución francesa cuando el trágico invento era dueño de Francia.